U0511026

Originally published as: "Die Aufklärung: Europa im 18. Jahrhundert"
© Philipp Reclam jun. Verlag GmbH, Ditzingen, 2011
arranged through jiaxibooks co. ltd.
Simplified Chinese translation copyright © Social Sciences Academic Press (China)

百年

〔德〕芭芭拉·施多尔贝格－雷林格
(Barbara Stollberg-Rilinger) / 著

何昕 / 译

DIE AUFKLÄRUNG.
EUROPA IM 18. JAHRHUNDERT

启蒙

社会科学文献出版社
SOCIAL SCIENCES ACADEMIC PRESS (CHINA)

导　言

"启蒙的百年"指的是什么？启蒙，究竟有何含义？用这一概念来定义整个世纪是否恰当？如此称呼 18 世纪，可不是历史学家的发明。生活在当时的杰出人物就已经相信，他们正处于一个启蒙的年代。18 世纪晚期，这个概念成了一个时髦词。"启蒙"意味着：用光明驱散非理性的黑暗、迷信的迷雾、偏见和家长式的专制，并且创造出万事万物独特的、清晰的、可检验的概念。很多欧洲语言使用类似的表达，例如"lumières"、"to enlighten"、"illuminismos"或"ilustración"[①]。康德在 1784 年，即启蒙时代的末期，曾给启蒙一词下过著名的定义，认为它是"人类脱离自己所加之于自己的不成熟状态"，从而奠定了"不经别人的引导去运用自己的理智"的勇气。这一时期的特点是乐观主义，认为一切理性在原则上都能使人类辨明偏见、迷信和权威，并通过理性的方式重新组织人类社会秩序。人们希望现实地参与到这一进步中去，而不是仅仅指望来世的幸福。

康德这篇关于启蒙定义的文章刊登在《柏林月

[①]　分别为法语、英语、意大利语和西班牙语。德语的"启蒙"为"Aufklärung"。（本书脚注如无特别说明均为译者注。）

刊》（*Berlinische Monatsschrift*）上，激起了一场公开的讨论，推动众多颇具声望的学者尝试给出自己的定义。除了讨论的结果，讨论本身及其开展的形式就充分彰显了"启蒙时代"——"Zeitalter der Aufklärung"（德语）、"siècle des lumières"（法语）或"age of reason"（英语）——的特征。换句话说：这一思潮的内容与新的解释说明、公共传播和社会交往形式相适应；内容和形式彼此交替影响。在18世纪衍生出这些思考不是意外，而是与当时处于变化中的特定社会条件密切相关。这些条件为传播特定的思想创造了温床，反过来这些新思想也对社会结构产生影响，继而使其发生变化。因此，在谈到启蒙的百年时，应当始终观察到"硬币的两面"，既要了解当时人们的精神世界，了解他们解释世界的方式，又要观察当时的社会和政治结构、新的媒体和社交方式、不同社会群体的构成，等等，没有这些，光靠思想是根本无法产生作用的。

那些在18世纪起主导作用的方法和主题，早在17世纪就已经有了相当程度的发展，其中包括有方法可循的质疑和系统的批判原则，科学从神学中解放，社会契约的自然法原理等。这里的"启蒙"即是指一种文化和社会运动，在这一过程中，

一个日益扩大的学者群体对上述提到的方法和主题
进行讨论，系统地进行传播，并尝试将其付诸实
践。生活的方方面面都应按计划得到完善。人类的
行为似乎获得了前所未有的塑造空间，不再仅仅面
向一个理想化的过去或者来生，而是开始面向未来
和此生。随着对知识实际用途的重新定位，由学
院、沙龙、协会和社交团体组成的网络不断扩大，
图书和杂志市场呈爆炸式扩大，更不用说私人关系
和通信交往所编织的亲密人际网络。这些团体一方
面努力为其事业赢得文化和政治上的核心权力，另
一方面也试图影响社会中未受教育的阶层，这是此
前几个世纪以来精英文化不断远离的文化传统。启
蒙圈子的影响力日渐成为主流新趋势，它在旧秩序
的基础上成熟壮大，而旧事物仍十分顽固地存续下
去：王宫、传统的等级结构、宗教信仰和教会等
级。启蒙与这些制度的关系不能简单地一概而论；
从根本上看它们绝不像一般认为的那样反动。所有
的变化都伴有心态和风格的转变，我们习惯将其简
单地称为"市民化"：和此前占主导地位的宫廷文
化不同，这是一种更加质朴的，部分理性、部分感
性的，被视作"自然"的说话、写作、穿着、居住
以及交往方式。要描述清楚所有这些根本的社会转
型过程，是离不开同时代人的体会的。

12 　　生活在 18 世纪的人们把他们的当下称为启蒙时代，和如今大部分历史学家对 18 世纪的称呼内涵不同。当时的人把启蒙看作一种开放的、未完成的过程，一种他们自身以及全人类需要面对的任务，一种需要不断追求但是永远无法完全达到的目标，一种"规范性理念（regulative Idee）"（康德）。他们很大程度上将其看作他们所处时代的伟大成就，在人类进步的道路上前进了一大步，同时始终认为这一过程是没有终结的，期待着未来有目标地持续进步。

　　法国大革命中的一系列事件以及工业革命的进展，在最开始似乎正是上述诺言兑现的实证，然而很快招致了对希望的持续误解。其对各个生活领域的介入如此之深，不断加速的变革如此剧烈，令人感到革命前的"旧制度（ancien régime）"以及启蒙时代很快将永远地成为过去。也就是说：人们和这一时代保持历史距离。19 世纪，德国首先在黑格尔哲学的影响下，逐渐将"启蒙"看作一个时期性的概念，将其解释为历史发展进程中一个已经完结的、过去的、陌生的阶段。把所有对过去现象的解释集中于其自身特点、特殊的时代性及独一无二性，这种"历史思维"的大行其道使得历史视角深深地嵌入启蒙研究中。如今，不仅在德国历史学家中，而且在其他欧洲国家甚至盎格鲁—撒克逊文化圈中，这一概念都被视作描述 18 世纪的时代性概念——当然这也不是无可争议的，因为当代历史学家对启蒙的理解也不尽相同。

当然，今天也可以说它是一种规范意义下的启蒙，它和 18 世纪遗留下来的尚未兑现的遗产紧密相连：对普遍实现人类权利的要求可以追溯至启蒙时期，而且显然完全没有过时。我们今天所置身其中的诸多社会结构，我们熟知的思想或者现在才开始逐渐消退的思想，有一些（非全部）正是起源于 18 世纪：在世界观层面上中立的主权国家、独立自主的个体概念、法律面前人人平等的假设、科学论断的跨主体可验证性，等等。然而，认为人类总是走在"更加理性"的进步道路上，不断地从非理性和专制统治的桎梏中解放出来的这种信仰或者希望，在新的威胁和思考习惯层出不穷的当下正面临着冲击。我们所生活的世纪被打上了野蛮的非人道印记，从而产生了"启蒙辩证法"概念（霍克海默/阿多诺①）：启蒙运动为工具和技术理性开辟了道路，同时触发了其对立面。

---

① 马克斯·霍克海默（Max Horkheimer，1895~1973），法兰克福学派创始人。特奥多尔·阿多诺（Theodor Adorno，1903~1969），法兰克福学派主要代表人物。

此外，对于人类理性进步的希望很难和一种特定的历史视角相结合。历史学家的任务在于从其特定的历史条件出发来理解某一时期人类的思想和行动，而不应该用当时尚未出现的标准进行衡量。随着现实变化的还有概念、标准和感知方式。也就是说：在评价某一历史时期有些人的"理性"程度时，如果始终使用的是自己编造的理性概念的话，那么对当时的人是不公平的。而且 18 世纪的思想是多层次的，如果只是想要在其中寻找现代人思想的根源，那是很难完全理解透彻的。当我们把其他时代的人视作非理性的、没有理性使用能力的并且充斥着黑暗迷信的，就像 18 世纪的许多（不是全部！）启蒙者所认为的那样，也就意味着，我们自认为拥有超越时间的关于真理、正确和理性的标准。这不再像 18 世纪那么容易了（就算在那个时候很多人也不是那么确信）。历史学家是不能拥有这种想法的，因为这样会阻碍他们真正理解生活在其他时代的人们所特有的理智以及对现实的感知。

接下来所讨论的"启蒙"仅限于某种特定的历史现象，特指一种精神和社会层面的运动，大体来说在时间上覆盖了 18 世纪，也可以看作这一时期所呈现的独特性。换句话说：这种概括性表述是基于如下认知，即启蒙这一概念和最初界定的一样，精准地点出了该时期区别于其他时代的最明显特征。

但是这并不意味着，过去现实中的所有层面和所有矛盾都能被包罗其中。一方面，人们无法将18世纪发生的所有现象都纳入"启蒙"框架。矛盾和对立也是该时期的一部分：比如洛可可风格的宫廷艺术、新一轮的虔诚运动或神秘主义和秘密结社倾向。另一方面，即使是在这一时期被贴上"启蒙"标签的现象，也绝不是完全统一的。本文一开始提到了许多当时的人对启蒙的论断，即启蒙意味着使一切事物听命于理性，那么问题来了：这里的"理性"指的是什么？这一论断的依据是什么？它的目标是什么？它所针对的是什么？在寻找这些问题答案的过程中，可以很快发现，尽管很多时代精英一致认为，使启蒙运动不断发扬光大是他们的成就也同时是他们的任务，但是他们也不得不围绕"真""假"启蒙激烈争吵。最重要的是：所谓的"真"启蒙究竟应该并且能够走多远，它（还）应当固守哪些界限？启蒙有些时候是理性之光照耀世界前行，另一些时候则可能成为烧毁一切的火光。在这方面，北部和南部国家、东部和西部国家，以及天主教和新教国家之间存在着巨大的差异和时间上的偏移。基于不同的政治、宗教和社会情况，以

15

及所面临的阻力类型，启蒙呈现的形式也千差万别。应当避免为了某些特定的思潮而对其他思潮避而不谈，企图创造"一种"和谐统一的启蒙运动图景。

16 此外，18 世纪也只是一个笼统的启蒙运动时间界限。从 1700 年到 1800 年的一百年肯定不是一段只有一种特点的历史时期。该时期从何时始，到何时止？有一个重大转折是不容忽视的，它对这一时期具有双重意义——既是高潮也是结束，它就是 1789 年的法国大革命。这一历史事件不仅对于法国，而且对整个欧洲来说都是一次深刻的政治、社会和精神层面的转折，而且因为其极端性，也被当时的人认为是一个转折点。

确定这一时期从何时开始，则要难得多。启蒙时期的开始，与其结束不同，没有伴随着声势浩大的鼓点。人们常常用重大政治事件来分割各个时期，但是在各个国家中却不尽相同：在德意志民族的神圣罗马帝国，早在 1648 年，《威斯特伐利亚和约》就规定了帝国邦联制的法律形态，即由各个领地组成的松散联盟；在英国，光荣革命在事实上确立了议会的权力，并且奠定了影响接下来整个世纪甚至更长远时间的宪法基础；在法国，1685 年颁布的《枫丹白露诏令》开启了宗教集权的新时代，等等。每个国家对于历史时期的书写都有其特有的情况。

然而，上述转折事件和启蒙时期的开始关系不大，而更多是与启蒙时期的政治和法律制度有关。要找出一个如此复杂的精神和社会运动的起始时间，特定的年份很难确定。一些伟大的有影响力的著作早在 17 世纪就已经问世——笛卡儿的《方法论》（约 1637 年）、霍布斯的《利维坦》（1651 年）或牛顿的《自然哲学的数学原理》（1687 年）。但是，如果将启蒙运动看作一场在广泛社会基础上吸纳上述思想并发挥现实影响力的运动，那么上述这些数据还远远不够。知识界气氛的逐渐变化，更多地体现在不起眼的征兆中。其中的一个征兆，乍一看并不引人瞩目，但是回过头来就会发现其预示着一场普遍性的转折，即 17 世纪和 18 世纪之交，科学和哲学类书籍不再仅用拉丁文，也开始用法语或各自的民族语言书写。约翰·洛克（John Locke）是最早用母语撰写全部著作的哲学家之一，而他的作品视情况再让人翻译成拉丁语。莱比锡大学的自然法理教师克里斯蒂安·托马修斯（Christian Thomasius）在 1687 年首次使用德语教学，这在之前的德国是前所未闻的。此外，牛顿自然科学通过丰特奈尔（Fontenelle）的著作《关于宇宙多样性的对话》（1686 年）在巴黎各大沙龙开始普及，

17 世纪八九十年代著名的"古今之争"首次对古典文化之于当代艺术及文学的跨时代优越性提出了质疑。1709 年，英国出现了首份所谓的道德周刊 ①；1717 年，随着伦敦总会的建立，跨地域组织共济会开始出现。上述各种现象都表明了当时社会在通信方式、科学观以及公共角色等方面的根本性转变，成为革命前夕那段时期的显著特点。

当然，这里不可能完全列举所有现象。关于欧洲启蒙的入门介绍既不可能一一穷尽这场运动在各个国家的影响，也不能完全覆盖各个文化领域——哲学、宗教、文学、造型艺术、音乐、政治或社会生活。因此本书必须将这些内容精简为大致的轮廓，并且在很大程度上是个人的解读。这不仅指内容叙述，还包括参考文献的选择。希望读者们通过阅读本书受到鼓舞，勇于运用自己的理性，不断地加深阅读，从而形成关于这一时期的独特认识。

---

① 18 世纪上半叶欧洲流行的一种刊物形式，主要用来传播启蒙思想。

第一章　欧洲的百年

—— 欧洲国家体制的纷争和基本结构

国家和朝代

欧洲各国君主执政一览

德意志民族神圣罗马帝国（皇帝）：

1658~1705	利奥波德一世
1705~1711	约瑟夫一世
1711~1740	查理六世
1742~1745	查理七世
1745~1765	弗朗茨一世
1765~1790	约瑟夫二世
1790~1792	利奥波德二世
1792~1806	弗朗茨二世

奥地利世袭领地：

1658~1705	利奥波德一世
1705~1711	约瑟夫一世
1711~1740	查理六世
1740~1780	玛丽娅·特蕾莎
1740~1765	弗朗茨一世 – 施蒂芬（共同执政）

1765~1780　约瑟夫二世（共同执政）

1780~1790　约瑟夫二世（单独执政）

1790~1792　利奥波德二世

勃兰登堡—普鲁士：

1688~1713　弗里德里希（三世）一世
　　　　　　（1701年称王）

1713~1740　弗里德里希·威廉一世

1740~1786　弗里德里希二世，大王

1786~1797　弗里德里希·威廉二世

法国：

1643/1661~1715　路易十四

1715~1723　路易十五，由奥尔良公爵腓
　　　　　　力摄政

1723~1774　路易十五（单独执政）

1774~1792　路易十六

英国：

1689~1702　威廉三世（奥兰治家族）
　　　　　　（1689~1694年与玛丽共治）

1702~1714　安妮

1714~1727　乔治一世（汉诺威选帝侯）

1727~1760　乔治二世（汉诺威选帝侯）

1760~1820　乔治三世（汉诺威选帝侯）

西班牙：

1689~1702　费利佩五世

1703~1715　卡洛斯三世（1711 年称帝）

1724　　　　路易斯一世

1724~1746　费利佩五世

1746~1759　费尔南多六世

1759~1788　卡洛斯三世

1788~1808　卡洛斯四世

瑞典：

1697~1718　卡尔十二世

1718~1720　乌尔丽卡·埃利诺拉

1720~1751　弗雷德里克一世（黑森伯爵）

1751~1771　阿道夫·弗雷德里克

1771~1792　古斯塔夫三世

丹麦：

1699~1730　弗雷德里克四世

1730~1746　克里斯蒂安六世

1746~1766　弗雷德里克五世

1766~1792　克里斯蒂安七世

俄国：

1682~1725	彼得一世，大帝
1725~1727	叶卡捷琳娜一世
1727~1730	彼得二世
1730~1740	安娜·伊万诺夫娜
1740~1741	伊凡六世
1741~1762	伊丽莎白·彼得罗芙娜
1762	彼得三世
1762~1796	叶卡捷琳娜二世，大帝

波兰：

1704	奥古斯特二世（萨克森选帝侯）
1704~1709	斯坦尼斯瓦夫一世－莱什琴斯基
1709~1733	奥古斯特二世（萨克森选帝侯）
1733~1763	奥古斯特三世（萨克森选帝侯）
1764~1795	斯坦尼斯瓦夫二世－奥古斯特·波尼亚托夫斯基

在 18 世纪，欧洲指的是什么？首先，它不是

指一个有着明确界限的事物，也不是一个定义明晰的概念。欧洲这一自我称谓是从 17 世纪开始被逐渐接受的，并代替了早前西方基督教世界的称呼。当时的人说起"欧洲"，意味着人们意识到某些共同点，这些共同点和世界上其他地区以及民族相区别——但是无法精确地说明其界限在哪里。欧洲在当时受教育阶层的自我认知中意味着文明的世界。人们眼中的共同点到底为何，取决于观察的角度：有人认为是仍然共同信仰的基督教，也有人认为是科学和技术的不断进步，有人认为是精致的社会礼仪和蓬勃的艺术，另外一些人看到的则是相似的统治架构以及政治权力体系。人们相信，是温带地区宜人的气候促成了所有的这些成就。在一定程度上，欧洲这个概念就是受教育阶层对其所处文化圈刚取得成就的一种自豪的表达。不过，就算对这一文化持批判态度，人们还是将其看作一个整体：为了更好地发现、批判问题，人们倾向于从欧洲以外的视角来观察，以一种惊讶的目光来环视欧洲，惊异于那些奇特的习俗——这一文学潮流至晚可以追溯到 1721 年孟德斯鸠所著的畅销书《波斯人信札》。与此相对，18 世纪的人们对欧洲以外的文化兴趣陡增，例如对中国或波斯，对美洲原住民或南太平洋岛民等。正是和其他文化的接触，反而加深

22

了对本身文化圈共性的认同。

在政治上，欧洲不是一个整体，而是由君主制、诸侯国、共和制和联邦制组成的混合体——其上没有一个更高一级的统一政治制度。当时提到的所谓"欧洲政治体（corps politique de l'Europe）"的概念，是指在政治结构、游戏规则和传统惯例上的一定的相似性。本章将会谈到这方面的内容，但也会关注在这一框架下反复出现的暴力冲突。

在西方基督教世界中，由顶端的教宗和皇帝构成的旨在实现一种整体性的普遍秩序，已经无可挽回地遭到了破坏。原来由不同的统治阶级组成的复杂的中世纪等级秩序，正在朝着一个原则上由更加平等、独立的对内和对外都宣示主权的国家构成的共同体转变。18 世纪仅仅是构建现代国家的漫长而艰难的过程中的一个阶段。其中遵循着一种内在的动力，确保各个欧洲国家在发展过程中呈现若干结构上的相似性。

其中一个相似之处仍然是政治上的王朝本质。构成欧洲的各个政体，和现代的欧洲国家还完全不是一个概念，虽然有些名称沿用至今。大多数"国家"仍然是王朝的形式，即主要由统治者家族联结起来的领地和主权的封闭集合。诸侯们为自己装点的繁复头衔就清楚地说明了这一点。

一些显耀的贵族家族之间往往是亲戚关系或者订立了婚约，他们基本上瓜分了欧洲的统治：哈布斯堡家族和霍亨索伦家族、波旁王朝和布拉干萨王朝、韦廷家族和维特尔斯巴赫家族、韦尔夫家族和奥兰治家族、瓦萨家族和罗曼诺夫王朝。政治仍然主要是亲属关系。国家的分裂和再统一，取决于以家族延续为宗旨的王朝继承法则。婚姻和继承法是服务权力政治的工具，涉及过去、现在和将来家族的规模和名望。这就导致了欧洲范围内拥有血缘关系的各大家族之间潜伏着不可忽视的冲突：在18世纪，家族中一支血脉的灭绝屡见不鲜，到处都是对遗产的争夺，其中大部分都会诉诸武力。为了让家族土地保持完整并不断壮大，不仅通过继承和争夺的手段来获得领地，还会运用交换、购赎以及瓜分等方式。因此，当时欧洲政治格局仍然是由单个国家组成的复合体，形成跨地域国家认同感的契机还很难出现。王朝之间的联系往往和文化历史方面的共同点完全不吻合。比如说，神圣罗马帝国的诸侯们同时也是欧洲其他国家的国王（勃兰登堡选帝侯自1701年起为普鲁士国王，不伦瑞克—吕讷堡选帝侯自1714年起为英国国王，萨克森选帝侯自1697年起为波兰国王）；俄国沙皇彼得三世是来自德国荷尔斯泰因—哥道普家族（Holstein-Gottorp）的王侯，他的妻子后将其废黜并即位为沙皇

26

叶卡捷琳娜二世，她也是一位来自安哈尔特—采尔布斯特家族（Anhalt-Zerbst）的德意志公主。奥地利哈布斯堡家族以及法国—西班牙的波旁家族分别统治着诸多意大利诸侯国和王国；波兰贵族斯坦尼斯瓦夫·莱什琴斯基获得了洛林公国，作为失去自己王国的补偿；萨伏依公爵则获得了萨丁王国。这些例子表明，权力政治的旋转木马是由王朝利益，而不是国家利益驱动的。

这种王朝形式的国家体制是君主式的；此外，当时还有共和制国家形式，即通过贵族组成的议事会进行国家治理，并对某块领土行使统治权，例如威尼斯和德意志帝国城市。处于两种政体之间的要数波兰的"贵族共和国"：虽然有一个选出来的国王，但是需要受到由贵族组成的帝国议会（Sejm）制约。此外还有瑞士联邦或尼德兰联省共和国这种联邦体制，由相互之间结构差异较大并拥有较大独立权的部分构成。位于欧洲中部的德意志民族的神圣罗马帝国也是一个松散的联合体，拥有一个统一的元首，即皇帝，以及共同的机构，包括1663年起不间断的雷根斯堡帝国议会、两个最高等级法院以及一个行政机构，即所谓的辖区治理制度。这个帝国为数量众多的大大小小的、宗教和世俗的诸侯国以及独立的城市建立了一套古老而缺乏灵活性的

图 1 《欧洲简要地图》，版画，1770 年前后

法律框架——其内部独特的凝聚力比历史学家们长期以来所认为的要强。然而，帝国中势力较强的部分，即那些强大的帝国诸侯领地，却借助各自的"邦国主权"早已发展为独立的国家体制。在整个 18 世纪的进程中，这个帝国联盟的内部形成了奥地利和勃兰登堡—普鲁士的政治权力对峙，它们的领土部分位于帝国内部，部分已经跨出了帝国疆界。帝国共同机构的优势依赖于各个部分的团结，因此这种对峙格局使得帝国无法承受。

君主制是主流的国家形式，但是光凭这一点还不能说清楚这些政治体真正的政治结构，其领土的统一和独立程度，以及政治参与方的内部情况。其中大部分政治体都有一个基本的结构特征：它们都是等级制的君主政体，也就是说，在构成它们的单个国家中，某个独立的集体在传统上即享有统治权，在一般情况下由贵族家庭、宗教团体以及城市社区（特殊情况下还包括农民社区）构成，例如神圣罗马帝国的帝国议会、法兰西的三级会议、西班牙国会等。在很多国家，君主成功地在中央政治层面对上述特权集体传统的共同决定权进行有效遏制，但是这并不意味着这些原本独立的统治阶层不能在地方层面继续行使自己的主要政治和社会权力（参见第九章）。英国的情况正好相反，其议会部分由世袭的贵族、部分由选举而来的阶级组织构成，后者在 18 世纪（和王室政府共同）有效行使中央集权的国家权力（参见第九章）。这种政治形态的对外行动能力主要取决于其在内部形成的统一权力有多大——无论该权力是掌握在某个阶级组织还是某位君主手中。在那些政治整体融合还比较松散、阶级本位主义盛行的国家，例如德意志神圣罗马帝国、波兰以及呈现此种态势的尼德兰等，在结构上缺少共同防御能力，因此很容易沦落为大国手中的玩物。

在长达一个世纪的发展过程中，逐渐形成了一些欧洲统治者最终成为主权大国、一些却没有的格局。18 世纪所说的"欧洲政治体"是指自成一体的权力圈，权力圈中的成员视彼此为有行动力的、势均力敌的盟友，因为它们各自都拥有独立统治权。其中一些成员刚加入圈中不久，例如普鲁士国王原本作为勃兰登堡选帝侯，只是帝国的一员而非拥有主权的统治者，或者俄国沙皇，虽然其统治主权毋庸置疑，但是直到 18 世纪初才逐渐被承认为"欧洲"君主。另一些则或多或少地被权力圈排除在外，例如众多的德意志帝国诸侯，尽管《威斯特伐利亚和约》书面承认了其"邦国主权"，但是他们始终从属于帝国联盟，而且大部分受规模和地位所限，无法独立行使统治权。

29

追求并确保对内和对外的政治独立性及行动力，即国家主权，左右着这个时代的政治事件。让·博丹（Jean Bodin）早在 16 世纪提出的"国家主权"概念定义了国家权力的特点，即最高性、统一性和不可分割性。这个概念有两层含义。一方面，它定义了一个共同体对外具有独立性，即在面对某个更高一级的权力时，例如在面对始终宣示一种宗教普世权力的罗马天主教会时，应保有其独立性。另一方面，主权意味着一个国家内部毋庸置疑的最高权力，所有其他权力均以其为基础。这里主要指贵族和城市的自主权和统治诉求，它们都成了中央权力的衍生物。此外针对的还有教廷，它所拥有的诸多权力和自由仍然深深触及各个（天主教）国家。

30　　　主权统治的主要特点在当时即具有合法的天然强制性（现在也如此）。对这种专制权力的大范围执行是欧洲国家体系的重要基石之一，正如《威斯特伐利亚和约》所述：战争在原则上是落实利益的合法手段，但是只能在独立国家间进行。在过去的宗教战争中，对峙中的战争双方是隶属于"某个"共同体的成员，而现在战争只会在两个国家之间进行，其内部（在很大程度上）在当局层面是维持和平的。过去，军队是视情况进行征募的，由贵族自主发起战争，现在则是由国家组织长期存在的"常备"军队为政府服务。最主要的是：在宗教战争中，争夺的目标从根本上说还是关于宗教和世俗秩序的话语权，而现在仅仅是各自有争议的法定头衔以及权力诉求。与此相对，冲突调停的共同基础已不再存在争议：所有国家在原则上都是各自独立的，它们之间的合法关系建立在约束性协议的基础上（参见第八章）。由此也确立了国家之间宗教多元论的合法性（但是在国家内部并非如此）。自签订《威斯特伐利亚和约》以来，国家之间不同宗教信仰的并存已经成为国际法意义上共同认同的事实，虽然教宗对此作出了收效甚微的抗议。

18 世纪的欧洲权力之争即在此基础上上演，下面仅简要列出当时的主要事件。

权力政治斗争

31

政治事件（按时间顺序排列）

1683~1699	大土耳其战争（以签订《卡尔洛维茨和约》告终）
1688~1697	法国攻占普法尔茨（《雷斯威克条约》）
1689	大同盟对抗法国

1688/1689 英国光荣革命

1700~1721 瑞典对抗丹麦、萨克森、
波兰和俄国的大北方战争
(《尼斯塔德条约》)

1701~1713/1714

西班牙王位继承战争(《乌
得勒支和约》《拉什塔特和
约》《巴登和约》)

1707 英格兰和苏格兰合并("大
不列颠")

1713 《国事诏书》(奥地利皇室
王位继承法)

1716~1718 土耳其战争(《帕萨罗维茨
条约》)

1723~1725 康布雷会议

1727~1729 苏瓦松会议

1733~1735 波兰王位继承战争(《维也
纳和约》)

1735/1736~1739

俄—奥—土战争(《贝尔格
莱德和约》)

1739~1741 英国—西班牙殖民战争

1740~1742 普奥第一次西里西亚战争

1740~1748　奥地利王位继承战争（《第二亚琛和约》）

1741~1743　俄瑞战争（《奥布和约》）

1744~1745　第二次西里西亚战争（《德累斯顿和约》）

1755~1763　英法殖民战争（《巴黎和约》）

1756　英国—普鲁士《威斯敏斯特协定》

1756~1763　七年战争（《胡贝图斯堡和约》）

1768~1774　俄土战争（《库楚克开纳吉和约》）

1772　第一次瓜分波兰

1775~1783　美国独立战争（《巴黎和约》）

1778/1779　巴伐利亚王位继承战争（《切申和约》）

1785　德意志诸侯联盟建立

1789　法国大革命爆发

1792　第一次反法同盟战争开始

1793/1795　第二次和第三次瓜分波兰

哈布斯堡和波旁两大家族的对抗拉开了整个世纪的序幕。路易十四长期以来的扩张政策在世纪之交争夺势力遍及世界的西班牙帝国时达到了顶峰。西班牙国王卡洛斯二世膝下无子，去世时王位后继无人。参与王位争夺的包括哈布斯堡家族的查理大公、巴伐利亚选帝侯之子约瑟夫·费迪南德，以及法国国王的孙子安茹公爵腓力。早在争夺王位继承权之前，海上霸主英国和荷兰考虑到他们自身的贸易和殖民利益，就已经和路易十四谋划了不同的瓜分计划，避免整个帝国落到一个继承者手中。然而，卡洛斯二世在去世前却选定了法国人为唯一继承人。路易十四进军西班牙、意大利和尼德兰，企图将西班牙和法兰西王国合二为一。他的行径遭到了欧洲各大势力的联合抵抗，以神圣罗马帝国皇帝和海上大国为首，他们不顾一切地要阻止这种霸权力量（1701~1713/1714 年）。经过十多年的战争，最终签署了《乌得勒支和约》（一年后的《拉什塔特和约》和《巴登和约》将神圣罗马帝国也纳入其中），确定了"权力均衡"：哈布斯堡的查理大公成为皇帝（1711 年），安茹公爵腓力成为西班牙国王，并永远拒绝与法兰西王国合并，哈布斯堡家族获得西属尼德兰、米兰、那不勒斯和撒丁岛。英国首次在《乌得勒支和约》中以强国的形象出现，而西班牙则丧失了其大国地位，尼德兰联省共和国则继续作为英国的盟友沦为配角。

在与西班牙王位继承战争同时期的大（第二次）北方战争中，波罗的海地区的权力对比也被完全颠覆（1700~1721 年）。瑞典国王卡尔十二世的扩张政策导致丹麦、俄国和萨克森—波兰，以及之后的普鲁士和汉诺威结成对抗同盟。经过二十年的战争，对抗同盟战胜瑞典，意味着俄国实力的显著提升，彼得一世治下的俄国成为新兴大国，并有计划地吸纳欧洲文化。在整个世纪，沙皇俄国得以持续不断地扩张其领土范围，在西边牺牲波兰的利益得以扩张，在南边则通过战胜奥斯曼帝国（1768~1774 年）深入巴尔干地区，并向克里米亚推进。

经过世纪初的这两次大规模战争，欧洲达到了相对稳定的权力制衡局面，并借助周密考虑的会议外交（1725 年康布雷会议，1729 年苏瓦松会议）使之保持了一段时间。然而，每一次王位继承纷争都会再次引发所有强国的"非分之想"，例如 1733 年的波兰新国王选举。由于波兰内部的分裂局面，其选举制君主政体沦为外部势力的玩物。于是，和此前的北部战争一样，萨克森选帝侯试图将波兰的王位据为己有，并获得奥地利和俄国的支持，而法国和西班牙则支持和路易十五有亲缘关系的波兰贵族斯坦尼斯瓦夫·莱什琴斯基。波兰王位继承战争最终以1735年签订的《维也纳和约》告终。按照和约，莱什琴斯基将王位让给了萨克森，并获得洛林公国作为补偿（在其死后公国落入法国手中）。意大利的领土归属也再度发生变化，那些诸侯国几个世纪以来一直被列强随意处置。新的瓜分局面形成了：哈布斯堡家族掌握了从北部（伦巴第、托斯卡纳、曼托瓦、帕尔马和皮亚琴察）到教宗国的领土，波旁家族则获得了那不勒斯和西西里王国。

两个半世纪以来，哈布斯堡皇朝始终是帝国的统治者。被选为神圣罗马帝国的皇帝绝不仅仅是获得了一个荣誉头衔，它一再地使维也纳宫廷成为大范围庇护体系的核心，较弱的德意志诸侯国和相当一部分欧洲上层贵族都被囊括其中，皇帝约瑟夫一世以及查理六世——《威斯特伐利亚和约》签订后皇权一度跌到了谷底——得以重新强盛起来。此外，该皇朝还在欧洲东南部拥有幅员辽阔的领地，包括核心地区的奥地利诸国、波希米亚和匈牙利王国（经历1683~1699年以及1714~1718年战争后，匈牙利逐渐落入土耳其人手中）、尼德兰南部（后来的比利时）以及上面提到的意大利北部领土。为了避免上述领土四分五裂，查理六世在1713年颁布了一部王位继承法，并争取其他列强的承认：这部《国事诏书》规定了诸国不可分裂，并确定了家族女性的继承权。1740年，诏书的有效性受到了考验。查理六世的去世成为一系列不间断的战争冲突的开始。萨克森和巴伐利亚选帝侯反对玛丽娅·特蕾莎成为哈布斯堡家族的唯一皇位继承人，并获得了法国的支持。选帝侯们在近代帝国历史上首次推选了一位非哈布斯堡继承人，即维特尔斯巴赫家族的巴伐利亚公爵卡尔·阿尔布雷希特为皇帝（查理七世）。同时，在同一年即位的普鲁士国王弗里德里希二世发挥了其父"士兵王"遗留给他的强大军事实力，袭击并吞并了西里西亚。由于法国支持的是哈布斯堡的对手，英国则为玛丽娅·特蕾莎提供援助，于是冲突扩大成了欧洲范围内的战争。由于巴伐利亚公爵去世（1745年），选帝侯又推选了洛林公国的弗朗茨·施蒂芬，也就是玛丽娅·特蕾莎的丈夫，成为皇帝（弗朗茨一世）。玛丽娅·特蕾莎成功地按照《国事诏书》将继承权留在了奥地利王室，但是却不得不在《亚琛和约》（1748年）中放弃西里西亚，在之后的七年战争中也未能将其夺回。

奥地利王位继承战争还和英法之间1739年爆发的争夺美洲和印度殖民地的冲突相关联。1754

36　年，新一轮的冲突爆发了，导致此前的结盟格局发生了颠覆性的变化。在此之前，持续影响欧洲权力政治的要素是哈布斯堡和波旁家族的对立。随着殖民和贸易帝国主义的重要性日益凸显，法国世界政治权力的最主要竞争对手不再是哈布斯堡家族，而变成了英国。1756 年，普鲁士和英国签订了《威斯敏斯特协定》并结盟，目的是对抗俄国。随后奥地利首相考尼茨（Kaunitz）提出了根本性的"逆转联盟"：奥地利和法国签订《凡尔赛条约》结成同盟，旨在削减普鲁士的势力，使其重新变回中等规模国家。为了抢占先机，弗里德里希二世突袭萨克森发起了战争，促使俄国、瑞典和多位帝国诸侯加入战争。此举被称作"勃兰登堡王室的奇迹"，奠定了弗里德里希在军事史上的地位，因为他成功地在"七年战争"中以弱胜强（也因为俄国提前退出了同盟），并在 1763 年签订的《胡贝图斯堡和约》中最终保住了西里西亚。

　　从全球政治角度来看，奥地利和普鲁士的冲突不过是边缘战场，主战场是法国／西班牙和英国争夺殖民霸权。1763 年，海上强国英国成为殖民战争的大赢家，而法国则失去了加拿大和加勒比群岛，进一步丧失殖民霸主地位。法国的国家财政因战争而彻底崩盘，直至世纪末也未能恢复。1775

年，大英帝国在北美地区的十三个殖民地联合反对英国议会，它们不愿在未经自身同意的情况下向英国纳税，于是发起了对宗主国的战争（参见第九章），并很快获得法国的支持：首先是武器和资金，之后（1778 年）是法国军队。尽管殖民地获胜，1783年的《巴黎和约》承认美利坚合众国的地位，但是英国以强大经济实力为基础的对法优势仍然没有减退。

虽然在争夺政治权力时是对手，那些强大的当权者在瓜分或交换弱国时却意见统一。1772 年，俄国、普鲁士和奥地利达成一致，各自霸占了贵族共和国波兰—立陶宛的部分领土，总计达到波兰总领土的四分之一。它们之所以能够顺利得逞，是因为各方都想从东欧中部获得一块弱国领土作为缓冲地带，而波兰由于其自身分离主义的宪法，很长时间以来在政治结构上处于无能状态。因而，波兰要对其宪法进行彻底的改革（参见第九章），却不符合其强大邻国的利益。经过第二次（1793 年）和第三次（1795 年）瓜分波兰，俄国、普鲁士和奥地利最终将这个贵族共和国的全部领土瓜分得一干二净。

另外，1777 年巴伐利亚的维特尔斯巴赫王室绝嗣也挑起了一系列的领土交换和分割计划。首先是热衷于改革的神圣罗马帝国皇帝约瑟夫二世经过深思熟虑，企图打破古老传统的法律框架，为了从维特尔斯巴赫的遗产中分得一杯羹，他与普法尔茨选帝侯密谋用巴伐利亚换取奥属尼德兰。弗里德里希二世在"巴伐利亚王位继承战争"（1778~1779）中战胜了奥地利，从而打破了这些计划。他开始自称从皇帝手中拯救帝国宪法的守护者，并于1785年发起了德意志诸侯联盟，当中甚至包括一些宗教首领。然而，政治权力薄弱、依靠各阶层合作的帝国体系作为一个整体，很难对抗其内部强大成员的政治意愿。当奥地利和普鲁士作为强国步入19世纪时，神圣罗马帝国却在法国大革命的风暴中被彻底摧毁，并于1806年灭亡。

游戏规则和法律准则

虽然18世纪充斥着各种冲突和纷争，但是欧洲的政治仍然遵循着一定的结构性规律。专制君主们互相之间制定了若干基本规则，虽然没有法律或道德方面的论证，但是蕴含着"国家利益至上"的现实考虑。大国之间不得不互相承认一定的国家利益，其中军事手段也基本被视为合法的。例如由此产生的"欧洲均势"原则。这一由多国达成，尤其是由英国积极推动的共识，旨在通过联合力量阻止某方势力成为超级霸权，从而尽可能地平衡不同大国的利益——但是这有时需要牺牲那些未获得庇护的小国的利益。君侯非法战争[①]，即统治者之间结成不同的联盟并相互对抗，并非基于不可调和的意识形态矛盾的毁灭性战争——例如16、17世纪的宗教战争或20世纪的两次世界大战，而是服务于特定目的的经过深思熟虑的战争。

当时的欧洲权力体系建立在各个独立主权国家之间共同遵守的现实标准之上，而这些国家的统治权大部分掌握在贵族家族圈手中。长期以来，欧洲这个共同的贵族宫廷社会拥有独特的沟通网络，这一网络主要由纸质媒介和常设的使节制度构成。各国使节不仅在大型多边和会上碰面，而且常驻在各大王宫之中，从而构成了一种特殊的宫廷公共生活，统治者们通过他们互相通报信息。通用语言为法语。此外，可以对互相之间的关系进行准确描述的重要媒介就是差别性的外交礼节：这是一种符号体系，可以精确地描述细微的局势变化。这种将个人与个人、王朝与王朝联结在一起的"关系网政治"也意味着，高高在上的统治者没有现代意义上的私人生活，每时每刻都是地位的代表，都是一位

[①] 德语原文为 Kabinettkrieg，主要指《威斯特伐利亚和约》签订以来由诸侯发起的争夺特定利益的小型战争，一般该类战争由内阁秘密发起而罔顾民意。

公众人物，其一言一行都要严格遵从礼仪的约束。

国家之间的条约与和约、宫廷准则和继承规则的数量越来越多，日渐成为一个复杂的法律文本库，最终作为"Ius publicum Europaeum"（欧洲公法）被细致地收集起来并汇编出版。同时，人们尝试为国家之间的法律寻找共同的理性原则，而不是仍然建立在神的秩序之上。由此衍生了现代的自然法思想。18世纪，这一思想最重要的代表人物——从塞缪尔·普芬多夫（Samuel Pufendorf）到埃默尔·德·瓦特尔（Emer de Vattel）——认为，国家之间享有天然的自由和平等权，即它们之间原本不存在"强制的"权利与义务，只存在若干由理性支配的基本原则。首要原则为："pacta sunt servanda"（契约必须遵守）。在这一理性原则的基础上衍生了整套国际法标准体系。

大部分启蒙思想家都倾向于和现实中的权力政治及战争保持距离。人们很难将王侯内阁中进行的"肮脏交易"与由人民创造的、建立在自由协议基础上的、委托统治者行使职权的国家形态联系在一起（参见第八章）。此外，从经济学角度看，一个国家的权力不取决于其领地大小或数量，而取决于内部机构和人民福祉。诚然，一支训练有素的军队对国防来说是不可或缺的。但是与革命战争年代

图 2 《士兵演练规范》，铜版画，出自《百科全书》，1762 年

不同，当时的市民社会和过去一样对战争是不认同的，因为它仍然是一种王朝的而非国家的产物。人们批评道：军队里的士兵并不是出于高尚的爱国动机而行动，他们只不过是充当了王侯扩张野心的工具，甚至像奴隶一样被租借和买卖。军事的本质应当是，作为高尚市民的士兵为了国民福祉作出贡献。

不光要对本身非常神圣的"作战艺术"进行改革，或对并不光彩的军人群体进行"美化"；从17世纪开始，圣皮耶（Abbé de Saint-Pierre）、卢梭（Rousseau）、边沁（Bentham）、康德等思想家就深入地研究过如何通过理性的政治工具达成国家之间"永久的和平"。基本理念是：君主之间应该缔结一个更高层次的共同体，即具备决策、仲裁和监察职能的共同机构，并自愿且毫无保留地遵守规定。人们取用了"Corps politique de l' Europe"（欧洲政治体）这一概念的字面意思，并提议建立更高秩序下的"政治体"——类似于单个国家的建立，即以缔结契约为基础来建立。这些想法在18世纪都还不过停留在纸面；而国际联盟和联合国的成立让人又想起这些思想。正是因为18世纪是充满了战争的百年，为了战胜这些苦难才诞生了这些充满未来精神的计划。

第二章　饥饿的百年？

—— 经济发展情况与相关理论

农　业

"饥饿的百年"在这里并不是说18世纪的人们处于极端饥饿状态。但是，食物供给持续不稳定的情况始终存在——或者说现在仍然存在——并影响着大部分人的日常生活和精神状态，尽管当时人们已经在历史上首次认识到，那些困扰人类的枷锁——饥饿、传染病、战争和狂热迷信是可以被有效控制住的。和过去的几个世纪一样，严重的饥饿危机以特定的频率反复出现。绝大部分的人仍然以农业为生。他们的食物供给空间仍然受到限制：无论是人的生产力还是耕地和畜牧业的产量都未能得到显著提高。气候波动和多年歉收，往往再伴随着传染病，不断引发灾难性的食物短缺。

在近代早期，人口和经济的发展呈现大的周期性波动：以人口和经济增长为标志的较长的繁荣时期往往以停滞和危机告终，由于资源的有限性，促进繁荣的要素最终在某个时刻转变为导致衰落的要素。18世纪是经济繁荣和人口增长的百年。而在这百年间，一系列互相关联的根本性变化出现了，首次使原有的周期性变化规律失效，并产生了不可遏制的增长动力，即 19 世纪的工业革命。然而这需要各种要素的共同作用，它们在欧洲范围内不可能同时出现，最初只是发生在英国。不过粗略看来，在其他欧洲国家也出现了一些共同的发展趋势，最终资本主义市场经济瓦解了传统的"自给自足式的经济模式"。实现这一发展的相辅相成的因素包括人口的增长、农业的商业化、农村手工业（原始工业化）的扩张、"金融革命"以及全球贸易体系的建立。

在经历了所谓的"17 世纪危机"后，整个欧洲在 18 世纪又迎来了人口增长期，从世纪中叶开始甚至呈现加速增长，即所谓的人口爆炸。这一过程在地域上是不平衡的：增长明显的东欧和中东欧地区（主要原因是俄国沙皇的鼓励移民政策，以及从土耳其统治中夺回匈牙利后的人口移入）；增长乏力的地区则是意大利各国以及神圣罗马帝国，三十年战争导致的巨大人口损失需要较长时间才能恢复。虽然面临着周期性的饥饿危机以及居高不下的儿童死亡率，欧洲范围内的人口增长趋势是不可阻挡的，其背后的原因很多，重要程度也存在争议。

一方面，人均寿命延长了；另一方面，出生率也提高了。战争不再像 17 世纪那样使如此多的人丧生；瘟疫等传染病减少（最近的大规模瘟疫要追溯到1713年的奥地利、1720年的法国南部），对抗传染病的现代医学和卫生手段以及预防措施出现，天花疫苗被发明出来了——但是以上这些现象还不能解释清楚人口整体增长情况。更重要的要素可能是出生率的增长，这与逐渐转变的"生殖行为"有关。过去，过高的人口增长及其所导致的食物短缺令人们调整自身行为，选择更晚结婚或不结婚，从而降低婴儿出生率。到了18世纪，这种传统的平衡机制似乎越来越少出现了，尤其在下等阶层，人口增长率要明显高于其他阶层。这是因为经济结构的变化让下层阶级不再需要耕种土地来维持生计。

第二个长期的发展现象被夸张地称作"土地革命"。这一概念的背后是一套复杂的经济演变趋势。

人口的增长刺激需求的增长，而后者导致物价上涨。货币价值随之下降，也就意味着收入的实际价值下降。这就导致对不可或缺的基本营养供给——农产品的需求，比对任何其他商品的需求都更庞大和迫切，因而价格涨得也更快。土地及其收成的价值上涨（法国的土地租赁收入在1730年和1780年间涨幅约为200%）。因此，人口增长成为刺激农业革新和投资的重要推动力。18世纪也因而迎来了自中世纪以来的第三次大规模耕地面积扩张：沼泽被抽干，森林被开垦，海岸区建起了堤围，就连

46

贫瘠的地带也耕种了作物。对比耕种方式的变化，提高产量的技术革新却还没有跟上（例如长柄镰刀替代短柄镰刀）。三圃制①的农闲期会种植甜菜、三叶草、豆科类、苜蓿或亚麻等作物，或者轮流种植谷物和饲料（轮作制，例如英国），抑或种植谷物和改为草场（草田轮作制，例如东欧）。和以往人口增长时期不同，畜牧业没有因为耕地扩大而萎缩，从而导致持续的肥料短缺以及土地过度开发。随着农业领域的创新和资本投入，专业化程度也不断提高，人们的生产活动针对特定的销售市场，并反过来从市场上购买商品，而不像以前那样自给自足。

47 在早期的封建社会，要想从这种商业化和农业经济中获利，即从中积累资本并进行投资，是需要受不同地域的多种因素影响的。首要前提是得生产出剩余产品，并能够在相应的市场上出售。而能否进入出售这些剩余产品的市场，则又取决于法律和所有权情况，即具体的农业法条。在大多数欧洲地区，农业在传统上归领主所有，遵循"封建"组织形式。也就是说：农民的一部分劳动力及其生产所得——以不同的程度并依据不同的法律条件——首

① 中世纪欧洲国家盛行的一种谷物种植制度，把耕地分为面积大体相等的休闲地、春播地、秋（冬）播地三个耕区，作物在各区轮作。

先归领主和物主所有，然后是归君主和教会所有。这些地主（一部分为贵族、一部分为宗教团体以及市民阶层）不仅能获取农业所得，还对耕种土地的农民享有传统的统治权。

从形式和规模上看，这些地主的统治权和财产权以及在此基础上的生产关系在欧洲范围内差异很大。理论上可以以易北河为界，分成东欧的采邑领主制和西欧的庄园制，当然在实际上存在数不清的混合和过渡形式。在东部辽阔但人口稀少、城市零散的领地，采邑领主制到了18世纪就已经消亡。取而代之的是所谓的"第二农奴制"，贵族地主成功地将农民纳入其中，获取他们的生产力，同时对他们实行广泛的统治权。压迫最为严重的农奴制形式出现在俄国，当地的贵族农场主几乎无须担心皇权对其权力的干预，可以毫无限制地判决这些属于他们的"灵魂"，甚至包括流放、强制劳动和死刑。通过农民的劳役，富有的东欧地主们得以扩充财产，占有并售卖劳动成果。然而，随着资本主义的兴起，这种地主和农民的依赖关系开始逐渐过时；对企业主来说，脱离领主世袭束缚、作为商品的劳动力成了更为经济的选择——这也是18世纪末农民解放运动的要求。

西欧国家的情况则有所不同，由于人口密集，而且财产及统治关系具有空间规模小且分散的特征，农民家庭经济占主导地位，地主主要通过抽取土地租金的方式获取农民的劳动成果，无须自己管理生产过程。18世纪的领主和农民的关系更加松散，退化到金钱关系。当然，在不同的地域，农民和地主的依附关系差异很大，有完全的个人自由和财产自由（沿海地区、阿尔卑斯山周围），也有形式不一的租佃方式（法国、英国），还有个人依附关系。

农民家庭在传统上和整个乡村社区相连，根据地域差异，紧密程度也各不相同。但是总的趋势是对土地、森林、水域的集体开发以及集体耕种模式正逐渐萎缩，取而代之的是私人地产和私人开发。这种发展趋势在英国获得了议院的大力支持，主要有利于拥有强大资本实力的地主，导致了地产的集中化和社会极化。在英国，大贵族地主从中获益，而原来的农民成为雇农或没有土地的打工者。在其他地区，除了地主，（较大的）农民作坊也能从农业商业化和私有化中获益，原因主要在于其原有的封建生产力转化成了固定的、不能提价的偿付资金。关键在于，法律和市场结构规定了哪些人能独立进驻市场，哪些人则不能。18世纪农业发展的主要特点就是它越来越多地受到市场经济的影响，传统的集体经济和封建依附关系越发成为发展的阻碍。

与农业发展息息相关的是手工业的发展。人口的增长导致越来越多的人无法依靠耕种过活，从而催生了自由劳动力。这一现象以及增长的需求导致商品生产的集中化，即所谓的"原始工业化"。

商业化生产

在近代早期，主要有三种商业运行形式：手工业、家庭作坊和手工工场；18世纪末在英国又增加了现代工厂。城市手工业的特点不仅在于职业培训和生产本身，也包括手工业者及其家庭的整个社会、政治和宗教生活均受到行会规则的制约。这种模式使家庭手工业受到严格的制约，尽可能地阻止扩张和竞争，并确保所有成员获得同等的"足够生活供给"——既不多也不少。然而，随着外来资本的涌入和跨区域竞争的影响，这种行会限制到了18世纪已被大大削弱；许多手工业者为外来的投资者工作，或陷入贫困境地。

行会手工业面临的竞争主要来自农村商业化生产，这种方式不受行会限制，更容易获取木材和水资源，并且遵照的是完全不同的法律框架。贸易中所积累的资本可以对其进行投资，劳动力潜力也得到更好的开发。企业主们主要看中的是农村家庭手工业。这首先是一种家庭经济工业模式，所有的家庭成员为了生计而共同从事生产，生产所得并不

50

超过他们实际所需。这些家庭要么完全自主地进行生产——从购买原料到生产过程再到销售环节，要么由资本家对所有过程进行验收、组织并获取收益（分发加工包销体制）。尤其是在规模化生产，如纺织和钢铁行业等对质量水平要求没有奢侈品行业那么高的领域，原始工业化对行会手工业的冲击尤甚。大商人越来越专注于特定产品，逐渐成为协调和指挥这类产品家庭生产的企业主。生产过程越来越严格地按照样本册进行，按需生产，从而将商业风险降到最低。通过这种方式发展出了大型商业区，主要在中欧和西欧地区，例如在下莱茵河地区、佛兰德地区、英国、苏格兰、爱尔兰以及德国丘陵地带。那些以土地经济为主的地区则不利于家庭手工业的扩张，因为那里的农村人口缺乏足够的自由劳动力。

在商业化生产方面更进一步的还有同样不受行会限制的手工工场。在那里，生产过程被分解成不同的生产步骤，在空间上聚合在一起。这就确保了每个工人的专业化，提高了生产力和产品质量。但是，其生产模式仍然主要遵照手工业的生产方式，这和将生产过程机械化以及通过外在能源简化人类生产力的工厂不同。手工工场模式主要运用在需要大量资本投入以及大量工人集体劳作的生产领域，

图 3 《法国亚眠制布工坊》，当时的铜版画

例如制铁及加工业、玻璃制造、盐场或啤酒酿造业。与分工包销制相比，工场生产能更好地控制质量、确保质量标准化。因此，许多工场主获得诸侯的资助，为他们生产瓷器、挂毯或家具等奢侈品。

农业商业化和原始工业化这两大发展趋势相互促进；在市场经济上，两者之间愈加紧密的交织是一个自我加强的过程。农业越专业化，为内部和外部市场生产的产品越多，在农村就产生越多的购买力以及更多对商业产品的需求。反之亦然：仅依靠或主要依靠商业生产的人也多，对无法依靠单个家庭生产的农业产品的需求也就越多。也就是说：越来越多的城市和农村家庭被卷入市场经济交换，对其兴衰产生依赖。自给自足的经济模式，即每个家庭根据自己（相应的阶级）的需求从事生产，越发受到以竞争、扩张和消费为特征的现代市场经济的挤压。矛盾的是，18世纪既是饥饿的百年，也是消费的百年：越来越多的人通过市场行为互相依赖，一方面他们可以消费更多的产品，但另一方面也比以往更多地面临饥饿的威胁。

贸易的扩张

但是，这种变化还离不开一个关键的要素，那就是在18世纪越来越强大的对外贸易扩张。18世纪，欧洲范围外的贸易经历了爆炸式增长，重点地区从地中海转移到大西洋。大西洋的港口，如阿姆斯特丹、伦敦、波尔多、南特、勒阿弗尔，以及18世纪80年代以后的汉堡，南北轴的旧贸易大都市安特卫普、奥格斯堡、纽伦堡、威尼斯和热那亚的领先地位被取代。在新世界经济体系的发展过程中，英国通过多场贸易战从尼德兰和法国夺得了主导权，即使失去了北美殖民地也没有丧失贸易地位。最重要的是，英国人成功地控制了从非洲到美国的奴隶贸易，这是大西洋贸易体系的命脉，是加勒比和北美南部殖民地种植业赖以生存的基础。他们从那里进口便宜的原材料，例如糖和棉花，以及贵金属、咖啡、烟草。相反，美洲殖民地则成为欧洲工业品的主要新市场。

54

　　新的殖民地世界经济体系与传统的欧洲远程贸易（例如与中国的贸易）大不相同。后者最初主要是使用贵金属购买外国商品的沿海贸易。而新的世界贸易体系则建立在对海外领土的殖民控制的基础上，并根据欧洲的需求指挥当地的生产。因此，人们在当地既能够大规模生产欧洲需要进口的原材料，又出售了相当数量的欧洲制成品。这套体系在美洲殖民地尤其奏效，也开始逐渐在东亚推广。尼德兰东印度公司早在17世纪就已在印度尼西亚活跃；英国东印度公司的商人也准备通过在当地建立统治机构，开辟印度次大陆，以掌握棉花、茶和咖啡的生产并控制出口市场。通过这种方式，殖民地被纳入欧洲经济体系，却没有以同样的方式受益；相反，殖民地严格听命于欧洲贸易国的经济需要。殖民者在殖民地积累了巨大的贸易利润，这些利润回流到了殖民大国，特别是英国、法国和尼德兰，极大地刺激了本国的投资和商业化生产。

56

这套贸易体系能够奏效，以及能吸引到大规模农业和商业投资的重要前提是有容易获得的资本，即安全便捷的付款程序以及快速的信贷。这些都推动了现代金融的发展。贵金属结算原本是最重要的付款方式，也是衡量商品价值的一般标准，却也是极其复杂且风险很大的付款方式。因此，长期以来在跨区域交易中实行的是使用汇票的非现金支付。信贷由私人银行或贸易公司提供。一个重要的新发展是 17 世纪后期建立的国家银行：1656 年瑞典曾有一次失败的尝试，第一个成功的案例是 1694 年成立的英格兰银行，紧随其后的是爱丁堡、柏林和马德里国家银行。英格兰银行成功的原因在于，金融市场、长途贸易和英国议会政治精英的利益通过它紧密联系在一起。伦敦金融市场的基础是巨大的英国国家债务。发行政府债券成为一种安全且有利可图的投资，因为议会本身愿意支付利息。这种

图 4　《东印度公司在伦敦港码头清关》，油画，塞缪尔·斯科特（Samuel Scott），18 世纪中叶

安全的贷款基础为投资者带来了丰厚的收益，反过来，英国商业资本的利润再次加强了贷款的安全性。18世纪形成了广泛的国家银行（country banks）网络，它们之间以及与英格兰银行之间相互关联，彼此互利。相比之下，苏格兰人约翰·劳（John Law）在法国的王室国家银行大型项目却失败了。该金融体系依靠法国路易斯安那公司的贸易，过度夸大了其盈利，在1720年以惊人的方式瓦解，从而影响了法国整体公共财政，直到法国大革命之前都没有恢复。金融市场仍然掌握在强大的私人金融家手中，这些人以负债累累的国家为代价，自己赚得盆满钵满。

英国的前工业时期发展

18世纪，经济体系逐渐发展起来，并为下个世纪的工业扩张奠定了基础。但是，只有英格兰以特别的方式汇集了各种因素，使它们相互促进，推动了工业发展进程，从而完全打破了以前周期性波动的束缚。决定性的推动力还不是人们所想的蒸汽机、纺纱机或机械织机等技术创新。还必须考虑到特定的市场条件，确保这些新机器不会像过去那样仅仅被视为有趣的游戏，甚至被当作新的威胁予以打压。是一系列复杂因素的共同作用，促成了18

世纪英国工业革命的"起飞"。

自 16、17 世纪以来，英国的农业就已经高度专业化和商业化；大型庄园基本上摆脱了封建制度和集体经济的束缚；没有农奴和依附的小农户，取而代之的是由没有土地的工人组成的大型生产力储备库；农村的收入水平相对较高。拥有土地的贵族和从事贸易的资产阶级之间的社会壁垒比欧洲大陆要低，因此，即使是贵族的财富也流向了不断扩大的市场（参见第三章）。城市化相对来说发展得较快（例如，1750 年前后大约 11％ 的英国人口居住在伦敦，而在法国，只有 2.5％ 的人口居住在巴黎）。交通设施比其他地方方便：良好的公路网成为沿海和内河航运的有力补充。除了庞大的国内农村和城市市场，殖民地市场也在不断扩张；上文已经提到的有利于远程贸易的政治和金融条件也发挥了作用。

上述要素的共同作用促成了一系列重要的技术创新。这里以纺织制造业这一关键行业为例进行说明。首先，自 1709 年以来，在铁矿石冶炼中用焦炭代替木炭，明显改善了金属加工行业。这样可以更好地加工铁，从而铸造更大的零件。越来越多的工具和机器零件是用铁而非木头制成。更高质量的铁加工工艺又为 1769 年詹姆斯·瓦特（James Watt）多处改进、成本更低的蒸汽机提供了先决条件（蒸汽机自 17 世纪后期以来就一直在采矿业中用于排水）。这反过来又促成了蒸汽动力开始用于纺织品生产领域。棉花原料是主要进口商品，比羊毛和亚麻还要便宜的棉花产品满足了不断增长的需求。这刺激了生产领域的改良。自 1733 年以来就有了飞梭，使织布工的生产效率提高了一倍，并提高了他们对纱线的需求。于是 1768 年又迎来了"珍妮纺织机"，可以让一个工人同时操作 100 个纺锤。随着 1779 年蒸汽动力被应用到纺纱机上，这两项重要的创新发明被结合起来。随之而来的纱线供过于求，又刺激了织造技术的创新，并推动了 1787 年自动织机的问世。

传统工业的扩张始终会触碰到一个界限，就是能源需求受到自然条件的束缚，特别是磨坊的水量。因此，生产地点大部分散布在全国各地，导致运输成本高昂，空间集中和分工受限。通过使用蒸汽代替水力发电，如今已经可以将生产集中到城市和沿海地区。在一个地方就能为大量的工人提供足够的能量，并能实现高度专业化的劳动分工：这就是工厂。工厂带来了前所未有的发展：例如，1771 年在克伦福德（德比郡）建立了第一家纺纱厂，当时只有 300 名工人，在 10 年内增加了两倍达到 900 名工人；1790 年，英格兰北部和中部已经有

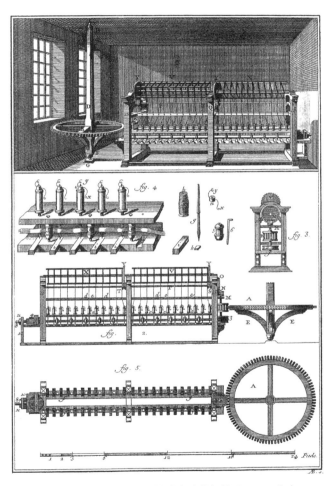

图 5 《纺纱机》,《百科全书》中的铜版画,1765 年

150 家这样的工厂。

61 　　欧洲大陆的生产关系则明显不同。尽管人口增长、需求增加，尽管进行了农业创新、原始工业部门扩张、全球经济不断交织，但传统的经济结构尚未被突破。不过，当今的历史学家逐渐倾向于避免将英国的发展视为标杆，而将所有其他的发展都视为"落后"。重要的是要公正对待欧洲各个经济区中不同的社会和政治框架条件，而不是死板地用英国的发展模式来衡量一切。其中关键一点在于各国国家政权和经济的关系是非常不同的。这不仅取决于政治精英的经济利益，还取决于关于经济环境运作的理论思想。在 18 世纪，这些思想和经济状况本身一样发生了根本变化，并成为激烈讨论的对象。

国家经济调控和经济学理论

　　自 17 世纪以来，大多数欧洲国家的政府已经开始积极而有目标地影响其国家的经济。因为人们知道一个国家的权力在多大程度上取决于其可用的财政手段（当时仍然是国库中大量的贵金属），所以政府开始寻求提高臣民纳税能力的办法。首先，

62 政府竭尽全力通过各种手段将土地的经济收益重新引入诸侯或王室的金库。但是，时间证明这不利于生产力的发展，必须努力促进臣民自身的经济发

展，因为从长远来看，富有的臣民比贫穷的臣民更能持续地填补国库。这项经济政策在德国被称为"官房主义（Kameralismus）"，其原则是人口的繁荣是国家政权的最可靠保证，君主和人民的利益是一致的。

在 17 世纪的法国，路易十四统治的鼎盛时期，财政大臣柯尔贝尔（Colbert）建立了一套国家经济控制体系，该体系后来被众多欧洲政府仿效，它的反对者亚当·斯密后来称其为"重商主义（Merkantilismus）"体系。这一体系不再把单个的家庭当作一个经济单位，而是以国家——在一定程度上以诸侯——为经济单位，对外捍卫自身利益，对内则促进经济发展。它的"第一要义"是追求贸易顺差，也就是说，应尽可能少地进口，尽可能多地出口。人们相信，财富的总和是固定和有限的：一个国家要赢利，必然要以牺牲另一国的利益为代价，反之亦然。政府对农业的关注相对较少，主要是大力促进贸易和工业发展。一方面是通过关税壁垒、进口或消费禁令，例如对外国殖民地生产的咖啡和可可的禁令，保护国内商品免受外国进口的竞争威胁。另一方面是通过税收减免以及其他特权、销售垄断、劳动力招募，积极地支持本国的生产。在此过程中，国家贸易促进措施有针对性地突破了

63

阻碍贸易扩展的城市行会障碍。国家本身成为最重要的企业主，例如，国家建立了奢侈品工场，主要买家是宫廷上层贵族。而更主要的是满足军队的需求，如武器、制服、轮船等，军械工业成为重要的创新产业。国家越来越多地将改善基础设施纳入中央管辖，修建公路和运河、排泄沼泽、设立邮局等。由于大量的人口被认为是经济蓬勃发展的最重要先决条件，因此要以各种可能的方式促进人口的增长。最开始是吸引来自外国的宗教难民来定居并给予特权，之后扩大到对非婚生子女的照顾，等等。

到了 18 世纪下半叶，这种贸易保护主义国家经济控制体系受到越来越多的批评。背后是一种革命性的经济新观点：人们认识到，经济事件所遵循的规律在很大程度上会摆脱控制。法国宫廷医生弗朗索瓦·魁奈（François Quesnay）首次在算术基础上提出了经济流通理论，发表了《经济表》（*Tableau économique*）。这部著作的手抄本最早于 1758 年流传，后于 1767 年出版（修订版本），引起了激烈的公开辩论，将法国人乃至整个欧洲的公众分为两个阵营。魁奈学派及其追随者，如老米拉波（Mirabeau der Ältere）[1]、杜邦·德·讷穆尔

---

① 米拉波伯爵（Comte de Mirabeau，1749~1791），法国政治家、作家，共济会成员。

（Dupont de Nemours）、勒·梅西耶·德·拉·里维埃（Le Mercier de la Rivière）、约翰·奥古斯特·施莱特魏因（Johann August Schlettwein）、伊萨克·易塞林（Isaak Iselin）等，认为经济遵循自身的自然秩序（ordre naturel），他们在德国被称为"重农学派（Physiokrat）"，在法国被称为"经济学派（économistes）"。与重商主义相比，他们并未将贸易和商业，而是将农业视为所有财富的唯一来源，因此从理论上颠覆了传统的社会等级制度，按照是否对经济繁荣作出贡献将社会分为"多产"和"少产"阶层。这种学说在政治上带来的结果就是必须进行税制改革：应当在没有特权的情况下仅对农业净收入平均征税。这一计划中最敏感的一点在于要求放开谷物贸易。因为只有将农业从所有发展障碍中解放出来，才能使其"自然地"发展，从而让所有其他部门受益。

这一理论不仅引起了激烈的讨论，而且人们还准备将其付诸实践——不仅在法国。1774年，法国重农学派理论家、首席金融总监托尔哥（Turgot）首次放开了传统上由国家支配的谷物价格，却经历了一系列失败，导致严重饥荒和人民起义。国家干涉经济和受重农主义启发的早期自由主义之间的较量进入新阶段；直到大革命前夕，相互竞争的经济政策的支持者在法国政府首脑的位子上不断交替，但始终没有一方能够证明自身理论的优越性。

与重农学派方向一致但独立发展起来的，是苏格兰道德哲学家和自然法学家亚当·斯密所发明的一种经济理论，该理论成为现代经济自由主义的奠基石。斯密在《国民财富的性质和原因的研究》①（1776年）一书中描述了人类文化发展从猎人和采集者时代到高度分工的市场经济的"自然史"，并将其归因于内在规律性。斯密认识到不仅土壤能带来生产力，人类劳动也可以，并批评了重农学派对农业的过度重视。斯密提出了经济应摆脱国家监管的新观点：市场是由一只"看不见的手"操纵的，它遵循自身规律并摆脱有目的性的控制。这些市场机制的作用在于，个人的自私和由欲望引发的行为在没有意识的情况下实现了整体和谐。国家的任务仅仅是保证公民和平竞争的框架条件：向外依靠军队，向内使用一套法律体系，保护公民的生命和财产安全。

这一理论不仅包含大量对劳动力市场经济关系的新见解，还反映了价值观的深刻变化。传统的前

---

① 也译作《国富论》。

现代经济学，即家庭学说，自古典时代以来就受到
农村贵族标准的影响。其理想是经济上的自给自足
和"符合阶级的供给"。个人对利益的追求和相互
竞争受到道德上的鄙视。与传统的商业道德相比，
如今已经确立了一种截然不同的经济态度，斯密在
著作中对其进行了理论论证：自利以及对赢利的无
限欲望不应受到道德上的谴责；它们与共同利益不
相冲突，反而共同利益正是敌对利益自由交锋的结
果。与其他启蒙哲学家一样，斯密也从根本上为人
类的欲望证明：个人对财富和舒适的追求成为一种
促进幸福的美德。斯密敏锐地将这种新的经济思想
合理化，它恰恰符合 18 世纪深刻的社会转型过程。
一方面，它反映了行会市民阶级和农民社会传统规
范受到强烈冲击，因此遭到了这些人的激烈抵抗。
另一方面，它也对传统贵族价值观的文化垄断提出
质疑。传统贵族不劳而获、无须工作仅依靠租金收
入的生活方式最终不再主导社会价值体系，转而被
市民工作、经济活动和个人成就所取代。

66

第三章　市民阶级的百年？
—— 社会结构及其演变

社会阶级结构

考虑到政治权力仍然掌握在贵族手中，考虑到巴洛克和洛可可等宫廷文化艺术的繁盛，那么在多大程度上可以把 18 世纪看作市民阶级的百年呢？市民崛起的时代不应该是 19 世纪吗？ 18 世纪是市民世界和宫廷贵族世界两者共存的时代。可是，可以把启蒙运动看作"市民"运动吗？文化的"市民化"指的是什么？ 18 世纪的市民阶级究竟是什么？

为了回答这个绝对不简单的问题，首先要牢记一点，即 18 世纪的社会结构和今天的存在本质上的不同：它仍然是一个"等级社会"。其次，与之对抗的社会结构正在形成，日益改变着这一等级集团式的世界，并最终以革命的形式将其暴力摧毁。

联系到 18 世纪，"社会"这个概念本身就容易招致误解。我们所说的"社会"概念缘起于法国大革命形成的宪法体系：社会一般是指个人和组织构成的整体，相对于国家主权范畴，主要是指经济交流范畴。国家是独一无二的主权实体，而社会则主要由法律上平等的公民构成。这种国家和社会、公共和私人领域的强烈对比，在近代早期是不存在的。当时主要由不同阶层的"社会"构成，并通过不同的方式行使统治权：男人对女人、父母对孩子、主人对仆人（也包括贵族地主对农民）以及君主对臣民。在所有这些互相交叉的阶层中，而不仅仅在国家层面，都存在着统治。此外还有大量的协会和"集团"，其内部仍然在一定程度上享有自主权（尽管整体趋势是所有的统治权力都要臣服于国家权力）。这就导致了许多不同的法律体系以及不同的个人法律地位的出现。一个城市市民享有的权利与普通居民的不同，贵族地主的农民臣仆享有的权利与自由农民的不同，宫廷臣仆享有的权利与大学教授的不同，贵族领主和城市新贵、宗教人士和非宗教人士、男人和女人享有的权利皆有区别。每一个个体的法律地位就是其"阶级"。这个概念有多个维度，对应着一个人法律地位所依据的不同标准。首先依据的是"家庭地位"，即在家族中扮演何种角色（主人、女人、孩子、奴仆等，参见第六章）。其次是依照所从属的团体：村庄、城市、贵族集团、大学、修道院等。人们常说的三个阶层，即将社会简单地一分为三——分为贵族、市民、农民，或分为教士、贵族、第三阶层——在任何时候都不符合复杂的现实情况。这是一种可以追溯至中世纪盛期的解释框架，一种当时的人试图将社会现实简单化的模式。

　　当时的等级社会结构和现代社会的主要不同点在于，社会和经济层面的千差万别——谋生方式、政治参与、教育和生活方式的不同——与权利的不对等密切相关。法律层面规定的社会差异更容易发生代际传递（一个人的阶级从出生时就确定了）；因此，我们感觉到阶级社会与现代社会相比似乎处于一种静止状态，而这种静止状态是渐进式的。完全静止的社会结构是不存在的，甚至在 18 世纪之前，阶级的界限就已经随着经济发展在不断地移动或削弱。等级社会和现代社会的一个本质差别在于，基本权利的不平等在当时被视为完全正常和合法的。人们在上帝面前是平等的，在法律面前却不是。18 世纪深刻的社会变革就体现在人们开始从根本上质疑这种法律上的阶级不平等。

　　18 世纪的社会关系要比现在的空间小得多。因此，与其说是"一个社会"，还不如说是"各种不同的社会"。与今天相比，那时的乡村、城市、宫廷等不同生存环境的界限相对清晰，而这些界限也已经开始瓦解。首先，从经济意义看，市场经济使所有的社会团体和地区交织在一起。其次，从空间意义看，跨区域的交流网络越来越密集，克服了距离带来的障碍。最后，从法律和政治意义看，国

家权力开始试图均等渗透到所有社会团体中，以此
让它们权力制衡。

农村社会

首先来谈谈农村社会。18 世纪，绝大多数的人
还生活在农村。欧洲农村地区的社会结构非常多样
化，因此几乎不可能简单地对其作出概括；文中提到
的主要脉络具体到每一个欧洲地区的情况又需要进行
调整。传统上，农民都居住在乡村聚居区，一般来说
同时也是教区。农村社会最重要的参照是地主或农场
主（可以是贵族或修道院，也可以是君主本人，他一
般是其属地上最大的地产持有人；一个村庄也可以有
多个统治者，其职权相互交叉、重合）。农村社会等
级的最高层始终是权力和土地的所有者，他在当地行
使统治职能并指定他人行使职能。贵族家族并不总是
生活在农村；许多贵族更乐意搬进官邸，在统治者的
宫廷附近修建行宫，全年或仅在冬季在那里居住。上
文已经提到欧洲存在不同形式的农业法律：根据地区
不同，一般是由贵族地主自行经营，将其交于雇农，
或者仅从农民那里抽取基础租金。农民在法律和经济
上的依附性存在很大不同：例如，东易北河外围庄园
的农民几乎将劳动力全部贡献给农场主，没有其允许
无法结婚，子女也要为其服务，不得离开岗位，而且

还要受到雇主的管辖；德意志西北地区或法国农民的生活境遇则与之有着天壤之别，他们按照自己的意愿工作，拥有自由继承权，可以自行将产出售卖，其与地主的依附关系不过是每年的纳金以及一次性的产权变更支出。

农村社会结构主要受到所拥有财产的影响。位于顶层的是拥有大规模完整农庄的农场主。根据地方继承法的不同，整个农庄或由一位继承人独有（例如德意志西北部），或由后代平分（例如法国大部分地区），又或是家族后代都在一位家族首领的带领下生活在同一庄园（例如东南欧）。在遵循不动产分配的地区，随着人口增长，庄园被拆分成越来越小的部分：四分之一、八分之一、十六分之一，等等。在另外一些地区，尽管还有大庄园，但是不能供应所有人的生计，因此有些人不得不另谋生计或寻找新的继承来源。因此，农场主家庭不过是农村社会的极小一部分。更多的则是普通农民家庭，他们有自己的小农庄，在困难时期很难存活下来。此外，越来越多的家庭只有一间小房子和一小块农田或院子，甚至是从其他农民处租借的，并且需要不断地额外劳动以维持生计。甚至有越来越多的人根本没有田地耕种，他们要么充当临时工出卖劳动力，要么从事小商品交易或手工艺，要么在乡间乞讨。和这些群体都有所区别的是农庄的奴仆：他们来自农民家庭，未婚，类似的状态也会转移到他们的未结婚的孩子身上。这种仆役地位一般来说有时间限制，结婚后就不复存在了——要不自己接手一个农庄，要不为了赡养家庭去从事家庭手工业、给人打工，等等。这些下层农民群体构成了农村人口的大多数。农村手工业的劳动力潜力在增长，根据地区和市场情况不同，确保了他们即使没有地产和房产也能获得较好的收入。是否继承农庄对于组建和供养家庭的影响越来越小了。由于农村社会传统的标准和价值主要受到代代相传的土地和耕种的影响，因此，快速扩大的下层农民阶级开始成为农村地区冲突的主要诱因。

18世纪的农村社会自上而下受到新观念的冲击。一方面，原本对每个臣民来说尚很遥远的国家中央集权通过各种方式，越过中间的地方地主，将其统治权力扩展到每一位臣民身上，并直接影响其行为（参见第八章）。与此紧密相关的是，农民群体的启蒙运动开始向他们传播新的科学和道德成果。这两大趋势共同作用，在后来激起了农民的反抗。

和启蒙运动支持者的设想不同，农民社会对启蒙教育和政府律法并不持感激态度。他们拥有自己的一套准则，与基于不同原则的新秩序相比，同样难以改变。由于当时的农业文化仍然鲜有文字记录，因此很难对这些规则进行重构，历史学家不得不依据当权者留下的材料对其进行还原。在他们的记载中，"乡下人"呈现的形象是迷信的、喜欢神秘活动、效率低下、游手好闲、铺张浪费、不服管教、热衷暴力以及拥有自由散漫的性道德观，最主要的是思想落后，拒绝一切新鲜事物。这些贬低性的描述忽视了一个事实，即农村社会遵循着一套特殊的内部准则，这是基于农村生活环境的特点所形成的：受到有限的自然资源影响，人们不得不互相帮助、团结一致并对"充足的营养供给"作出限制。对应着艰辛困苦的劳作，农民同时需要奢侈的庆祝活动。农民的声望体现在，根据特定的规则让他人也享受到自己的富足，例如在受洗、婚礼和葬礼等场合盛情地招待全村人。此外，性道德观也是考虑到日常生活的实际：婚前性行为基本上是受到认可的，只要遵守婚约承诺，将怀孕的女方娶回家。各式各样的神秘活动，都和基督教信仰形式及内容息息相关，为的是解释清楚人们赖以生存的自然力量并试图掌控它。总的来说，农民文化依赖于各种准则和知识在口头上的代代相传，也就是说，标准依据习惯而定，"自古如此"。合法的是（假定的）古老律法，是"受到尊崇的传统"；面对所有新生事物，首先要怀疑，因为它们缺少合法性。所有这些在传统的农村生活框架下都是合理的；而从当权者视角看则是不合理的，因为其所关注的是如何增加收入和保障中央集权；对启蒙者来说也是不合理的，因为他们具备自然知识，了解自然支配法则，遵守的是以此为基础的新的科学准则。

　　在执行新规则过程中，当局主要依赖于中间传播者。行政（无论是地主的还是国家的）官员在村庄中扮演社会中间角色。他们虽然行使着管理权，但是大部分都出生于农村社会，比起统治者他们与农村奉行的准则更亲近。因此，其中有不少人拖延着不进行上级要求的革新尝试甚至直接无视，以避免在农村社会丧失自己的威信。

　　与之不同的是神职人员，他们在教会的职责通常与地方的行政职责分不开：他们记录出生、婚礼和死亡，在布道坛上发布公告和律法，监督民众的礼仪教育等。天主教和新教的地方神职人员之间存在本质的差别。天主教神父通常是依靠圣职仪式和不婚与农村社会区分开来，而不是通过出身或学术训练。天主教的乡村神父常常本身也是农民出身，尽管接受过教会的强化教育，但很少能享受完整的神职人员培养过程。新教牧师则完全不同：他们和外行的差别不是体现在圣职仪式和不婚上，他们受

75

过神学教育且出身于市民家庭，因此与乡村社会的差别比圣职仪式所导致的差别更加明显。新教的牧师家庭遵循市民的生活方式，是乡村社会中的特殊存在；而牧师在乡村充当善意的、关怀世人的"大众启蒙"先锋，关于其内容和意图接下来还将具体表述。

可以确定的是，18世纪的农村社会经历着两大变迁：一方面，飞速发展的农村手工业和不断壮大的下层农民阶级威胁着农民社会的凝聚力；另一方面，统治者推行的塑造计划和启蒙教育大举进入农村社会，使其面临着完全陌生的价值体系的挑战。

76

贵族和宫廷生活

就连贵族一开始对这套新的价值体系也感到陌生。他们的统治地位及经济状况首先还是建立在土地的基础上。因此，他们继承着代代相传的地产，和农民社会共享着某些价值观。此外，只要不属于掌握统治权的上层贵族家族，这些贵族也顺应了当时的进步趋势，即臣服于国家中央集权。

尽管在欧洲各国的表现形式不同，贵族之间有一个共同点，即他们的特殊地位体现在执行及共享统治权和军事权，并享有土地所有权上。与之相对应的是他们特定的生活方式，例如悠闲的生活和礼仪服饰，"骑士风格"的活动如骑马、格斗、狩猎，等等。他们的社会地位"以继承的方式牢牢冻结"（H.-U.韦勒）①，也就是说，其所享有的各种不同的特权、权利和自由将为后代所继承。

这些特殊权利也为贵族们带来了大量的经济利益，最主要的要数免除繁杂的税务，在阶级代表会议中拥有席位和投票权，拥有司法特权地位，垄断教会的受俸职位，更容易获得宫廷、军队和政府职位，拥有狩猎权，等等，甚至包括一些仪式性的特权，例如获得特定的宫廷头衔，或者被允许佩剑等。但是另一方面，这种按照等级区分的生活形式也要受到一定的限制；在大部分国家，贵族从事市民手工业或经商被看作不符合阶级身份，甚至被明令禁止。为了维护自身的权利，守住阶级界限，贵族间建立了固定的婚配圈，并尽量控制这种获得特权和资源的小团体规模。

一个贵族家庭的最高价值观就是确保"出身、等级和名誉"的代代相传。贵族的地位沉浮伴随着其出身家族的代际连续性和排他性。家族的传统影响着贵族身份，通常是通过一种高度发达的记忆文化予以维护——家族编年史、族谱、家族史、族徽等。优先地位受到法律保障，先辈的高尚美德需要

① Hans-Ulrich Wehler（1931~2014），德国社会历史学家。

后辈不断地作出新的贡献加以巩固。这种世代继承的身份对应着世代继承的经济基础，即地产。它不是作为个人财产由所有者自由支配，而是属于家族财产被有限制地使用。家族成员的个人利益需要让位于确保其家族地位世代相传的更高利益。

尽管贵族拥有高贵的出身，但是这绝不意味着不存在上升或衰落的可能性。单个家庭或者整个家族可能成为贵族，或丧失贵族地位。在各个欧洲国家，贵族内部又有着多种区分，按照等级分级，内部晋升空间很大。在大部分欧洲国家，获得贵族头衔需要君主授予贵族文书（需花费昂贵的费用）。一般来说其前提是拥有可观的财富。在法国，担任较高的（可售卖的）司法、行政和宫廷职务也能获得贵族身份。不过在大多数情况下，新晋者必须得到当地贵族集团的"接纳"，也就是进入他们的圈子，并遵守特定的条件。

与形式上的地位无关，贵族集团的经济优势地位可能丧失，也可能和其他集团结合在一起。18世纪的一大特征就在于，许多经济上成功的市民获得贵族头衔，而与之相对的，贵族们要么更加封闭，要么也尝试参与市民资本和营生方式。大多数国家的贵族在17、18世纪主要面临着两大挑战：一是逐渐往资本主义市场经济方向发展的经济变革，二是国家统治权的集中化，这也牺牲了旧贵族的利益。面对这些变革，不同国家贵族的应对方式存在着极大区别。

　　经济上的自力更生促使贵族亲自参与农业的商业化和大宗及长途贸易，比如东易北河的货物经济或者法国的海上贸易。最容易获得成功的要数那些富有的、拥有强大资本的上层贵族，在全欧洲来看都是数量极少的顶尖团体。对于较低等级的地方贵族，他们所获得的土地租金实际价值开始贬值，也缺乏和市场经济的联系，因此往往很难依靠自身财富过上体面的生活，例如数量众多的波兰或西班牙乡绅。除了地产，贵族的主要收入来源还包括在宫廷、政府和司法、外交和军事领域担任传统的公差，信奉天主教的贵族还享受教会的丰厚俸禄。自中世纪起，贵族就和接受良好教育的市民阶级学者一起竞争高层级的政府、行政和司法职位。不过贵族也逐渐开始接受同样的教育，于是这种教育，主要是法学，开始"贵族化"了。在 18 世纪，政府委员会和高级法院的领导岗位再次由贵族执掌。一方面是因为旧贵族也开始可以胜任，另一方面是因为担任这些职务的上升中的市民阶级也容易获得贵族身份。

　　其中，英国贵族从经济变革中获益最大，原因在于他们和欧洲大陆的贵族相比在很多方面存在

79

结构性差异。英国从公爵到男爵的上层贵族，其地位、头衔和特权仅由其年龄最大的男性后代继承。因此，对于其他子嗣来说就必然要依靠军官、牧师、律师、医生、商人或工厂主等职位谋生。这样一来，家族的地位和财产依靠长子继承得以稳固，而年轻些的子嗣也不用受阶级所限，可以从事市民阶级的谋生方式。另外，英国的下层贵族，即乡绅，既不享受特殊的法律地位，也没有免税特权。所谓的乡绅，就是那些依靠自己的地产生活，经济上独立，受过良好教育，担任某个地方荣誉职位，在当地享受一定名望的人。这些现象使得英国贵族和市民阶级的生活不存在明显的界限。地主、工厂主和商人拥有广泛的共同利益；乡村贵族和市民的生活方式、价值观以及行事标准十分相近。

在欧洲大陆的大部分国家，下层贵族和市民阶级之间的界限要明显得多；但是贵族越来越难阻止富有的市民通过购买领主财产、谋得贵族职位和/或获得国王颁发的贵族文书侵占他们的领地。尽管贵族试图通过各种方式保护自己，包括首先拒绝新贵族加入贵族阶级集团和婚配圈，要求其证明拥有一定数量的贵族祖先，以及取消那些婚姻不门当户对的儿子们的特权（在法国和西班牙，"纯血统贵族"甚至还发展出了自己的种族意识），但时间总会发挥自己的功效：曾经的市民家庭一旦将贵族的生活方式化为己有，并成功地传承了几代，那么他们就不会被排除在圈子之外了。

下层贵族面对市民阶级的防御策略，同样适用于更高等级的贵族对较低等级的贵族的情况。于是，18世纪的头衔泛滥情况更加严重：古老的、高级别的团体不断地通过谋求更高头衔、更多仪式上的特权，以求和上升中的团体区分开。最成功的要数那些独占欧洲各国国王宝座的显赫家族。在18世纪，不再有新的势力加入这些顶尖的上层贵族圈。在神圣罗马帝国，帝国诸侯的地位仍然十分显赫，因为他们成功地获得了领地主权和几乎独立的地位，并将较低等级的贵族纳入其臣民组织。

在17、18世纪，符合贵族身份的最主要生活场所就是宫廷，它是君主和诸侯的居住场所，经过扩大，在当时成为中央政府和行政管理、贵族文化和君主自我展示的中心。由于各种原因，宫廷对贵族的吸引力越来越大，他们或短期或长期地在自己或他国君主的宫廷停留。宫廷不仅为他们提供职位和膳宿，赐予他们头衔和荣誉，让他们离权力中心最近，从而赢得最大的影响力；而且贵族的生活只有在那里才能散发最闪耀的光芒，如果想完全融入其中，就必须身处其中。在整个欧洲，大小诸侯竞

Natur

Afectation

Geschmack
Gout

Geschmack
Gout

图 6　《自然和做作的生活做派》，版画，丹尼尔·霍多维茨基
　　　（Daniel Chodowiecki），1778/1779 年

说明：六幅图片的主题从左至右、从上至下分别为自然、做作、风
　　　格、风格、交谈、交谈。

相建造宏伟的宫殿，举办奢侈的庆典，邀请最耀眼的艺术家和最有名的学者。来自宫廷的慷慨赞助使得艺术和奢侈品手工艺发展到了巅峰。诗人和音乐家也受到诸侯的雇用，在各种场合为宫廷社会创作恰当的演讲和诗歌、戏剧与歌剧。这一遍布欧洲的宫廷文化在 18 世纪仍然是以法国最为闪耀。不过，原本毫无争议地占据中心地位的太阳王的凡尔赛宫自 18 世纪起逐渐失去光彩；有着艺术格调和良好品位的权威渐渐回归巴黎，回到贵族的城市宫殿和沙龙。

宫廷生活不允许有任何隐私；君主和他的家族以及周围的所有人都始终被要求作出与其地位相称的举止——互相之间、在其他政权的宫廷面前以及在臣民面前。以严格的仪式规范日常生活，日复一日地无所事事，宫廷侍从无休止地争夺对君主的影响力……所有这些造成了充满阴谋、虚伪和伪善的宫廷氛围——至少宫廷批评家是这么看的，而且早在 18 世纪之前就有这种评判了。典型的宫廷侍从懂得聪明地隐藏真实感受，给自己披上举止优雅的外壳；与之相反的则是典型的乡村贵族形象，他们过着出世、知足而坦率的生活。不过，到了 18 世纪，有些君主也开始自我批判，最有名的例子要数弗里德里希大王和约瑟夫二世。他们的宫廷减少了很多表面的铺张浪费，精简了繁复的仪式。市民阶级的价值尺度开始影响宫廷。

　　从批评的视角来看，宫廷生活无论从经济上还是道德上都应受到批判。闲散的生活方式、炫耀式的铺张浪费、放荡的情爱、夫妻生活的分离、由用人抚养子嗣、精致而充满仪式感的交往，这些宫廷生活的外在表现都被斥责为不理性的、不自然的。与之截然相反的价值观是勤奋、节俭、认真工作、贞洁和亲密的家庭生活、坦率而严肃的人际交往、谦虚而质朴的外表。宫廷的这种表现型文化被看作错误的、徒有其表的，不过人们承认它有一个政治功能，即普通臣民必须在感官上受到冲击，这样才会更容易听话。在感知到"真正的""内心的"美德之后，就要拒绝这种外在的"假象"。对宫廷生活方式的批判，使得对与之完全不同的市民生活方式的道德评价上升。

85

　　于是，我们再次回到本章开始的问题：市民阶级究竟指谁？

城市和市民阶级
　　市民这个词最初的含义是指隶属于某个城市法律共同体（Rechtsgemeinschaft）的成员。当时的城市和农村之间的差别比今天的还要明显：最初，城市并不仅仅是物理意义上被城墙包围的空间，而且在法律特权、权利和自由等方面，也和周围的农村地区相区别。市民就是这个城市法定圈的成员，是特定权利和义务的所有者。自中世纪开始，这些城市的特点在于拥有自治权，同时为了行使该权利，遵照集体的、协同合作的组织方式。城市这个大集体同时也由数量众多的小集体、同业行会以及帮会构成，这些集团不仅规定着其成员的经济活动，也约束着他们的社会和宗教生活，并构成了政治组织的基础。在较大城市，城市内的等级包括数量极少的顶层封闭家族圈、垄断了政治职位和占据统治地位的"大家族"、富有的商人市民阶级以及"平庸的"手工业从业者。和农村中宫廷贵族占少数一样，居住在城市中的人也仅有极小的一部分为正式公民（Vollbürger）以及他们的家族成员和仆役；大部分来自不同的下层市民团体，包括自由出卖劳动力的短工、用人和临时工等；此外还有一些拥有特殊法律地位的居民，例如犹太人或不受社会尊重的"不诚实的"职业群体，例如刽子手、屠宰者以及演员。

在近代早期，城市发展的主要趋势就是上述那种正式的市民权利和城市的传统集体组织结构逐渐丧失地位。光是观察很多城市的外观就能体会到这一点：城墙被拆除，城市外的郊区不断扩张，城市和农村逐渐融合。在绘图板上规划出来的都城卡尔斯鲁厄（Karlsruhe），驻防和要塞城市波茨坦

（Potsdam）和施塔德（Stade），由宗教流亡者组成的城市弗罗伊登施塔特（Freudenstadt）和弗兰肯塔尔（Frankenthal），以及从乡村商业中心成长起来的城市圣艾蒂安（Saint-Etienne）、索林根（Solingen）和利兹（Leeds），它们在社会结构和城市形态上都和那些从中世纪成长起来的市民集团存在很大的不同。上述这些城市的市民从一开始拥有的政治自主权就较少，取而代之的是更多的经济特权和经商自由。

即使在古老的城市，集体公民权的重要性也在逐渐丧失，原因有多个方面。从政治角度来看，中央权力对传统的自治权干涉越来越多，城市被归到中央机构管辖范围内（例外情况包括神圣罗马帝国或意大利的自由城市共和国，它们可以对其臣民行使管辖权）。从经济角度来看，旧有的传统手工业已经无法和靠资本组织的行业抗衡；很多原先独立的手工业者在经济上或多或少地隐性依赖于资本强大的工场。一方面，传统上不享有市民地位的团体构成了经济底层，另一方面出现了越来越多的贫穷市民，即依赖薪水或完全没落的手工业家庭。底层市民阶级的规模也在逐渐扩大：失业的手工业工人、短工、流浪汉、乞丐。面对日趋严重的贫困问题，城市里原先主要救济市民阶层的穷人的组织，已经无法满足需求了。此外，非市民的数量也越来越多，他们仅仅居住在城市中，但是没有被纳入任何城市组织，对其他社会团体也没有归属感，因此也不会谋求城市中的政治职位；迁居到城市中的贵族、制造业者、经销商、官员等的情况也不无相似。

到了 18 世纪，传统的城市市民权利在很多方面被削弱了。规模越来越大的市民集团开始跨越城市的经济和政治界限。18 世纪的市民图景仅有极小的一部分还受到传统城市市民的影响。"市民阶级"① 这个概念更多是指一种内部各异的社会结构，在各个欧洲国家中的组成和特点也存在很大差异。我们只能被动地来理解这个概念，即其对上有别于贵族，对下有别于"一般民众"。这不是一个统一的法律意义上的"阶层"，而在这个迅速壮大、不断获得经济实力和文化魅力的阶层内部，可以粗略分为有产市民和受过良好教育的市民两类（并不意味着这两类在现实中不会融合）。

有产市民包括批发商和企业主，他们的经营超越了行会旧有的界限，并且早就摆脱了城市集团的约束。他们主要从资本密集型和出口导向型行业中获得财富，例如农村原始工业、制造业以及与行会无关的新行业，如烟草加工业。他们通过给原本独

---

① 德语原文为 Bürgertum，一些语境下也被译为"资产阶级"。

立运作的手工业者提供工资，从而越来越多地渗透到城市手工业中。在法国，这一群体还包括国家租赁人，他们从王室租赁包括税收在内的政府职能，并以自己的名义运营，通常利润丰厚。在英国，或在汉堡、法兰克福等大城市，成功的资产市民的社会自信心大增，但仍有一部分想向贵族靠拢。尤其是在法国，从长途贸易、商业或国家租赁中获得的利润主要用于购买领主土地、贵族官衔和爵位。

另一个逐渐跳出城市社区框架的人群是"受过教育的公民"：知识分子及其家庭。他们可以自由地从事学术工作，也可以担任律师、医生、药剂师、牧师、教授和教师等公职，有些需要学位，有些不需要。他们的活动领域向来不受城市约束：既可以在宫廷和大学就职，也可以为贵族或集团服务，而且可以在国家和教会组织的各个级别担任行政和司法职务。这个内部多元的群体不断扩大，超过了就业需求。因此在 18 世纪，学者存在失业的可能，需要暂时或终生为了生计而打工。神学家、律师和哲学家可能要当家庭教师赚钱，或者在不断发展的图书市场中依靠写作谋生。不过，这个受过教育的阶级的核心力量是不断壮大的"国家公职人员"及其家属，他们不属于任何传统的集团。国家权力的增加以及国家活动的增多，要求更多新的专业且忠诚

89

的职能精英：军事、司法、包括大学和骑士学院在内的高等教育系统，从宫廷的中央部门到各省再到地方的各级行政部门，从财政组织（传统的阶级集团仍在其中发挥影响）到无数的国家"政策"新领域，例如经济发展、教育、福利、医疗等（参见第八章）。在新教国家中，神职人员也被纳入这种国家等级体系，因为统治者同时拥有教会权威。而在天主教国家，神职人员仍具有特殊的社会和法律地位，并全部或部分免于国家税收和管辖。在英国，中央权力圈相对来说极少由国家公职人员构成，因为乡绅主要还是在名义上行使地方管辖权，而在神圣罗马帝国，这类人却非常之多，因为大大小小的诸侯都拥有自己的官员队伍。几乎在所有欧洲国家都能观察到这种政府官员不断增多的趋势。

　　但是，在 18 世纪，官员和其他学术类工作的职业化开始得非常缓慢。在法国，许多职位都是可以买卖的。其他国家也仍然没有针对学术类职业的专门培训和考试规定。国家公职人员还压根没有固定的职业路径、明确的级别竞争力和晋升规则、薪金规定以及退休保障；他们的报酬中，一部分仍然是实物、服务费、手续费或抚恤金。私有财产和公共财产、私有住所和办公室常常没有分开。不同职位、领域和雇佣者之间的流动性仍然很大。例如，一位成功的律师在他的一生中，可以担任从行政职位到司法职位，从大学教授到政府官员等多个职位，甚至是同时担任的。

随着公务员不断地专业化，他们就越发固定地被纳入岗位级别制度；随着他们距离阶级集团世界越来越远，中央权力就越要求其忠诚。在这一点上，勃兰登堡—普鲁士是其他国家争相效仿的对象，它很早就在新成立的哈勒大学培养国家行政所需要的专业精英，并规定了其特定的职业道德。这类受过良好教育的官员精英对自身社会角色的理解不再依附于某个阶级集团，而是从国家权力的角度出发，把自己看成工具，即作为公共利益的仆人，超越所有派别利益。这种自我意识持久地影响着德国的启蒙运动。受过良好教育的国家精英坚信他们可以同时实现启蒙运动、人类进步、国家现代化和权力增强的目标。

尽管这些不同的市民阶级群体具有内在的异质性，但也有某些相似性。个人成就——无论是教育素质还是获取财富——至少逐渐取代阶级出身而成为社会地位的基础；人际交往中自由的联结取代了阶级和集团的联系。因此，社会的自我认知更多是基于个人利益而不是集体利益，更多基于个体的个性而不是世代传承的集体文化。这些群体的共同点还包括新形式的社交互动和文化交流：与传统的固定的阶级集团社交方式相比，如今更多的是自由选择的朋友圈、俱乐部和社团（参见第五章）。

决定地位的教育和共同培育的文化以一种新的方式结合在一起，但同时又以一种新的方式划定界限。这种新的社交和文化一方面是跨阶层的：不仅市民阶级商人、公务员、牧师、教师、律师和医生参与其中，而且贵族军官和地主也在其中。相应的教育、生活方式和价值观是必须的条件，而不是特权。另一方面又出现了新的界限："受教育阶级"不仅与农村人口，而且与城市小市民阶级行会的手工业者之间也形成了一道社会鸿沟，后者被认为是"老百姓"，因为他们没有受到新式文明社交和启蒙教育的洗礼。这一新的阶层将自身与上面的宫廷贵族和下面的"下等人"相区分，从而自称为"中产阶级"（这个词到今天也在使用）。但是这种说法不再涉及旧有的阶级立场：这个阶层既没有共同的经济基础或职业活动，也没有共同的法律地位，而是基于共同的群体意识和文化实践。其中也蕴含了对进步和启蒙的追求——无论对此如何理解。将18 世纪称为"市民的百年"，意味着新的非贵族精英正准备打破贵族的文化统治，并自信地开创面向未来的全新准则。

第四章　宽容的百年？

——教会批判、理性宗教、新宗教虔诚

国家与教会

国家对于臣民信仰的控制是"宗教时代"的特征。随着宗教改革打破了教会的统一，大部分（天主教和新教）当权者开始努力至少在自己的领土上确保宗教的统一。政治和宗教团体互相庇护，也就是说，一个国家的臣民同时也要建立与之对等的信仰组织。体现在日常生活中，就是不可分割的宗教、社会和政治秩序：根据教会年历及宗教节日而确立的生活方式，伴随着一个人从出生到死亡的各种基督教仪式，等等。婚姻权利、礼节教育、学校制度和扶危济困仍然属于教会的职责范围。就连统治权也是建立在宗教基础上的秩序的重要组成部分，其合法性是神授予的。出于上述原因，统治者对于一个统一的国教非常重视，世俗和宗教权威互相支撑。大的教派的形成进一步加强了其中的联系，在不同教派之间界限的形成过程中，对臣民的控制也加强了。这对当权者来说是有多方面益处的：遵守宗教信条的臣民，肯定也是听话的臣民。

然而，17世纪持续了数十年的宗教战争表明，

就算是诉诸武力也无法取得全面的宗教统一。大部分统治者最终不得不容忍国教以外的宗教存在。不过一般来说，信仰他教的臣民只能有条件地开展宗教活动，不得在公开场合进行，而且不得不放弃一些权利。至于到什么程度，要取决于当权者的宽容度，而且后者可能随时将其收回。在神圣罗马帝国，虽然《威斯特伐利亚和约》规定天主教、路德宗和改革宗平等共存，但是有些地方的异教臣民仍然面临被驱逐的威胁。在法国，路易十四颁布《枫丹白露诏令》，结束了自1598年起对胡格诺派的宽容政策，再次在日常事务中收紧了国家宗教政策。法国的新教徒如果不回归天主教信仰或者接受苦役惩罚，就必须被驱逐出境。在整个18世纪，法国民众不断地被耸人听闻的裁决所震撼，作为国教的天主教企图借此展示其统治权威。直到1789年法国大革命前夕，法国的胡格诺派信徒才得以开展宗教活动。

与之相反，在英国，伴随着光荣革命，不同教派在法律上的地位获得承认（1689年《宽容法案》）。尽管每一个英国人在原则上都隶属英国国教，但是存在数量众多的"异教"团体，其中大部分是加尔文派长老会教徒，法律保护他们私下信仰的权利。然而，就算是这种被欧洲大陆视作榜样的宗教宽容政策也有其局限；直到 19 世纪，非英国国教教徒不能担任大部分的公共职务，而天主教徒被视作对国家独立的威胁，不在宗教宽容的范围之内。

国家宗教压迫虽然在 18 世纪还没有被打败，但是却越来越跟不上时代的变化。如果无法使某一个宗教理念获得胜利，那么对国家权力来说，更有益的做法是完全从信仰问题中抽身出来，在争论各方的面前保持中立立场。这种旨在取得内部和平的国家宗教中立说辞早在宗教战争时期就已形成，到了 18 世纪越发具有说服力。例如，勃兰登堡—普鲁士自 17 世纪起就为了自身利益，奉行国家教会主权由所有教派平等共享、各教派合理共存的原则。不过，国家仍然在原则上保留对其臣民宗教信仰的监视权。信仰他教者在绝大多数国家仍然受到各种限制，包括在公共场合进行宗教活动以及就任民事和军事国家职位的限制等。

启蒙运动影响下的教会和宗教批判

96

宗教宽容似乎——在一定范围内——首先是国家理智的需要。不过，它现在更多地建立在一种完全不同的新的理论基础之上。正如约翰·洛克所说，国家是每一位公民为了实现自身利益而自愿组成的团体，而他们不可能愿意把管辖自身良心的权力让渡给国家。没有人"应该"被强迫信奉某种信仰。甚至说：没有人"能够"被强迫，因为人类的信仰不受任何外部压迫的控制。这背后蕴藏着一种个人的、主观的、启蒙式的宗教理解，即坚信人们的信仰完全由自己的、自由的理智所决定，是基于理性的判断，因此必须能够按照自己的意志选择加入何种教派，并希望从中获得永恒的灵魂救赎。由此也产生了一种对官方强制进行的信仰活动的蔑视，认为其不过是一种外在形式。根植于新教教义的内外分离，即个人良心上的信仰和外在的强制权力，滋生了对个人自由空间的呼吁，对此国家不仅不能横加干涉，而且有保护个人空间的义务。

18 世纪要求宗教宽容的背后，思想发生变化的不仅是国家，还有基督教信仰、教会组织和整个宗教界。一方面，基督教各教派教会因为血腥的宗教战争在道德上名誉扫地，另一方面，其教义也越来越受到方法论上的质疑。法国胡格诺派的皮埃尔·培尔（Pierre Bayle）在 1696/1697 年的《历史与批判词典》（*Dictionaire historique et critique*）中为接下来的一个世纪定调：他将基督教和其支持者的道德相比较，并对宗教经典进行系统批评——两者的结论都令人沮丧。尽管所持的是极端的怀疑主义，培尔还是得出结论：面对人类理性的毁灭力，除无条件地将自己托付给信仰外别无他法，两者之间不存在桥梁。不过支持他观点的人很少。在整个 18 世纪，人们主要关注的还是如何将理性和信仰相结合。

其中，各大教派与启蒙的关系各不相同：罗马天主教致力于使其信徒的灵魂救赎顺从于其几百年来的教会权威，启蒙理性所提出的不能对传统照单全收的呼吁，使其受到挑衅。与之相反，新教教义就是源于对传统、对宗教经典的个人注解以及权威言论的批判性检验，在其神学基本教义留下了主观独立性的空间（这并不意味着在德国路德宗、日内瓦加尔文宗或者英国清教徒中不存在不宽容的宗教狂热分子）。总的来说，启蒙批判在新教中比在天主教中更容易开展。例如，德国启蒙运动主要受到了新教神学家的影响，而天主教会中的启蒙运动却遭遇了严格限制。这就解释了为何与信奉新教的英国相比，教会和宗教启蒙批判在信奉天主教的法国遭遇了毁灭性的失败。天主教当局的不宽容激起了反抗，而宽容的英国国教为其成员提供了很大的思想自由施展空间。

98

　　"对基督教的审判"（保罗·哈扎[1]）对18世纪
的思想影响之大，在如今的世俗社会几乎无法想
象。质疑在这个世界上一旦产生，就无法再被驱
除。人们一直在探寻如何使基督教预言或者对某个
神的信仰与理性的要求保持一致。宗教经典的真
理启示必须和理性的标准作比较——而且不能反过
来。人们认为，既然上帝赋予了人类理性，那么上
帝也希望人们运用它。如果大部分人都被排除在神
圣真理之外，那么上帝的合理性也就不存在了。因
此，真正的宗教只能是"自然"的，能让人类根据
自己的能力行事，即通过赋予所有人类的理性工具
而得以体现。自然神论者和物理神学家认为，科学
的进步对信仰来说只有益处：上帝通过其创造物的
完美而显现，并受到尊崇。有人将上帝比喻成钟表
匠，通过创造物规律性的自我运转而展现其无上智
慧，其完美性恰恰体现在不对创造物作出任何干涉
上。还有人认为上帝"无处不在"，他和他的创造
物合为一体，存在于一切微小的细节之中。

　　自然神论者从具体的特征中不仅抽象出
了基督教信仰，更是抽象出了普遍宗教概念

---

　　① Paul Hazard（1878～1944），法国思想史学家。

（Hochreligion）①，从各种宗教中精简出若干基本的共性，从而催生出虽然苍白空洞，但是友好乐观的"理性宗教"。就像使用一种理想的通用语言一样，去除了所有个性特征后，一种完美的精神表达工具得以呈现，人们同时也相信，当宗教驱除了所有偶然的具体历史形态，就能达成与人类普遍理性最匹配的状态。宗教的道德作用取代礼拜仪式，重要性越发凸显。人们论证道，灵魂的永恒救赎不是依赖特定的神圣仪式，而是取决于是否能尽己所能行善事。这种善，即道德的理性特征，同等存在于所有人心中，构成了一切真正宗教的核心。

　　基督教信仰的诸多特征，很难和启蒙者心目中乐观的人类图景、即将来临的科学曙光以及对今生圆满的关注联系起来：例如人们相信原罪的诅咒，相信人类的堕落天性，相信魔鬼对肉体的诱惑以及堕入地狱的威胁，相信神权肆意妄为的天性以及来世的救赎。大部分启蒙者心中的神不是具有威胁性、惩罚性的暴君，而是呈现着理性的、温和的、慈爱的父亲形象。18 世纪的神学与教育及政治理想存在明显的共同点，这并非偶然（参见第六章）。人类的顺从不应是出于对地狱惩罚的精神恐惧，而

100

---

　　①　常用于指经过高度发展的宗教信仰文化，以区别于原始民族的原始自然信仰。但目前尚缺乏统一的定义。——编者注

应是出于对戒律理性的理解。启蒙的道德观绝不是让人们去做想做的事情，而是对其有更多期待，让他们主动并乐意去做必须做的事情：道德感根植于每一个人的内心。

反对天主教会的主要论点在于，它利用欺骗式的威胁奴役信众，从而将自身的统治权建立在大众的恐惧和迷信之上。这种反对信仰暴政、政治权力和教会世俗特权的论战是法国宗教批判的核心关注点，最有名的代表人物是伏尔泰。他们主张，不仅是"无耻的"教廷，所有历史上的强大宗教包括古代埃及宗教，都是教士集团的阴谋，目的是使人丧失理智，对人进行压榨。不过伏尔泰也承认，宗教对于维护道德秩序还是必不可少的——如果没有这个的话，就得创造一个。

苏格兰人大卫·休谟（David Hume）的宗教批判对后世的影响更大，他不是采取辛辣的论战，而是采用一种缓和的精神和历史分析：他在1757年撰写了《宗教的自然史》一书，其中阐述了多神论到一神论的演变，并将其原因归结为人类需求和历史条件。其背后隐藏的是一种深刻的对任何可能的理性神论的怀疑。

101　　与之相对，新教神学家为了拯救基督教信仰，开始对《旧约》和《新约》进行"历史性"解读。

例如，《圣经》中的创世故事和新的地理发现中关于地球、动物和植物年龄的描述之间存在分歧，因而迫切需要一种新的解释方法，避免在信仰和科学发现之间只能选一边站队。《圣经》的历史化解读逐渐出现了：人们承认，只有将《圣经》诞生的历史环境考虑进来，才能突显这一经典的意义。《圣经》的创世故事被看作犹太民族的起源神话，从历史解读视角看是为信仰真理披上了一层神话的外衣。这是通向现代历史批判论的《圣经》注解的一大步。

莱辛（Lessing）则提供了另一种解释：他将犹太—基督教的发展解释为人类的教化过程。《圣经》中关于新旧契约的教义虽然符合人类认识的早期历史，但是，上帝的教化逐渐让信仰真理披着的隐喻外衣变得多余，从而一步步将人类引向纯粹的上帝真理。

受到启蒙影响的主要还有受僵化的繁文缛节所累的犹太教。传统的犹太社区孤立于周围的基督教社会，其传统的宗教和世俗文化受到了比传统基督教民间信仰更为猛烈的批判。不过，那些走出了封闭犹太社区的犹太家庭——比如银行家或企业家——在基督教社会打拼出了一番事业，他们开始接受启蒙思想，在理性宗教的影响下对摩西信仰进行重新解释。摩西·门德尔松（Moses Mendelssohn）是当时在犹太传统和启蒙运动之间斡旋的最有影响力的代表人物，他既接受了犹太知识分子家庭的传统教育，又精通西方哲学，活跃于柏林的启蒙圈，并且和莱辛保持着密切的友谊。他将犹太信仰中的理性和爱民思想通过众多的文字和信件进行传播，为打破两个宗教之间的隔阂创造了重要的前提条件——至少在知识分子中间。他十分注重在不牺牲独特的犹太文化和宗教核心价值的前提下，对犹太文化进行启蒙改革（例如提倡用希伯来语代替意第绪语）。这一主要由门德尔松推动的特别的犹太启蒙运动（哈斯卡拉运动）受到了正统犹太教人士的批判，后者认为这是通往世俗化、被同化以及自暴自弃的第一步。

所有这些试图结合理性和宗教的尝试，背后都有着无神论的威胁。18世纪理性批判所导致的最为极端的立场是一种彻头彻尾的唯物主义，它完全否定了上帝的存在。法国无神论者霍尔巴赫（Holbach）、爱尔维修（Helvétius）和拉·美特利（La Mettrie）认为精神仅仅具有移动物质的一种功能，认为接受一种最高精神的存在毫无必要。虽然在18世纪只有极少数的思想家支持这一观点，但是它也代表了一种可能的情况，并不断激发新的尝试去跨越科学知识和信仰真理之间的鸿沟。因此，这也成了一种主要关切，因为大部分启蒙思想家一致认为，宗教是并且应该一直是一切政治和道德秩序的基础。

无论宗教启蒙和宗教批判的具体形式如何，它们之间的共同点都在于远离教会正统以及大多数人的宗教世俗生活。"世界的祛魅"（马克斯·韦伯）一方面被看作成就和解放，另一方面也引发了恐慌和防备。革新派和守旧派之间的鸿沟涉及所有信仰的神职人员，也涉及贵族和市民。普通民众也经常面临着混乱的局面，即统治者的代表也开始反对他们曾经支持的相当一部分教义，认为它们是迷信。例如，巫术在大部分国家仍然被视作违法行为。不过，当局的精神氛围有所改变：受到启蒙运动影响的统治者不再消灭巫师本身，而是去消除对他们的信仰。抽象的理性宗教几乎不能满足"普通民众"的宗教需求。在农村，人们仍然习惯于通过半神秘、半基督教的方式对抗无法掌控的自然力量，以确保丰收，避免人和牲畜的损失。

宗教革新运动

104

然而，即使在受教育的阶层，启蒙宗教批判也不只有追随者。教会的顽固僵化，它们和国家权力的联合，教会上层贵族式的生活方式等，不仅引发了关于启蒙的论战，而且催生了更加强烈的新的虔诚运动。宗教革新运动，例如新教中的虔信主义和卫理公会派，以及天主教的詹森主义，这些新的教派既与世俗化的、在路线方针上已经僵化的官方教会相对立，也反对启蒙运动的世俗化趋势，其在 18 世纪对宗教发展的影响力不亚于启蒙运动。

新教中的虔信主义是一种非常多面化的宗教现象，可以追溯至 17 世纪，影响到 19、20 世纪。路德宗虔信主义在狭义上说是一种虔诚运动，起源于德国（萨克森、勃兰登堡—普鲁士、符腾堡、维特瑙伯爵领地等），并辐射到整个欧洲及以外地区（斯堪的纳维亚地区、波罗的海地区、东南欧、俄国、北美）。虔信主义（Pietismus）一词源自法兰克福神学家、后来的萨克森宫廷牧师菲利普·雅克布·斯彭内尔（Philipp Jakob Spener）写于 1675 年的一部著作，书名就已经提到了该运动：《敬虔的渴望，或对虔诚改进真正的福音教会的内心渴望》（*Pia Desideria oder Hertzliches Verlangen nach Gottgefälliger Besserung der wahren Evangelischen Kirchen*）。虔信主义者支持从个人的、主观的信仰体验出发，对新教团体进

行革新。所谓的"乡村中的宁静"与官方的新教教
会相对立，在很多方面都回归到路德曾经反对教宗
的主张中：他们强调个人和上帝的关系，而不是教
条主义的条条框框，强调《圣经》本身而不是各教
派的阐释，强调信徒皆祭司而不是森严的等级。革
新的核心是"Collegia pietatis"，即"重生者"
的宗教集会，其中一部分人经历过神秘狂热的皈依
体验，感到自己是天选之人，通过神圣的生活方式
在俗世为即将到来的耶稣王国开路。因此，成员们
在日常生活中遵守着十分严格的禁欲道德标准，为
了内心的净化每天都进行着深入的自我剖析。

所有这些圈子都是对官方教会权威潜在或公
开的威胁，在一些国家遭到禁止。不过，虔信主
义有各种不同的形式：一些是彻底的分离派，有
意识地远离教会；另一些则融入了所属的地方教
会。一部分人将自己同异教环境完全隔绝开，专
注于自己的选择，另一部分人则认为自己是革新
整个基督教世界的先锋，热心于对内和对外的使
命。一个极端是围绕法兰克福虔信主义者彼得森夫
妇 ① 的信仰圈，其信仰的内容和教会的训诫相差甚
远，在日常生活中也试图突破阶级、等级和性别的

① 约翰·威廉·彼得森（Johann Wilhelm Petersen）和约翰
娜·爱列欧诺拉·彼得森（Johanna Eleonora Petersen）。

传统界限。另一极端是以奥古斯特·赫尔曼·弗朗克（August Hermann Francke）为核心的普鲁士虔信主义：这是一个注重世界外在影响的流派，普鲁士"士兵王"弗里德里希·威廉一世将其视作对抗受地方贵族影响颇深的正统路德宗的一支重要平衡力量而大力支持。1694/1695 年，弗朗克在哈勒附近的格劳查（Glaucha）建立了一家现代化孤儿院，吸纳了若干教育机构和工厂：一家印刷厂、一家书店、一家《圣经》生产工坊、一家药店。弗朗克创办的这些机构被看作联结宗教改革工具、社会福利机构和营利企业的一种全新的成功模式。除了所属的学校和新成立的哈勒大学神学系，弗朗克虔信主义的影响还十分广泛。他受到国王的资助，承担国家赋予的职能，并为王室公务人员及牧师提供培训。他主张严格禁欲的虔诚，旨在让人们达到内在和外在的归顺，进而成为普鲁士"社会纪律"的缩影。

另外一场影响全欧洲的虔信主义运动由帝国伯爵尼古拉斯·路德维希·封·钦岑多夫（Nicholas Ludwig von Zinzendorf）发起，他在卢萨蒂亚（Lausitz）创立了"摩拉维亚兄弟会"。他不仅关注内心的革新运动，而且力图对抗教会的分裂，让异教徒和犹太人信奉新教，从而为耶稣基督的回归

图 7　《奥古斯特·赫尔曼·弗朗克和哈勒孤儿院》，铜版画，约翰·
克里斯托夫·苏桑（Johann Christoph Sysang），1725 年前后

创造条件，因为他认为，只有当基督教在全世界获得胜利，这一幕才会降临。

受到摩拉维亚兄弟会的影响，约翰·卫斯理（John Wesley）在世纪中叶在英格兰创立了卫理公会派的传福音运动。他关心英国圣公会的内部革新，当时圣公会的神职人员存在世俗化倾向并在很大程度上同情理性基督教。他创办了一个严密的组织，这一组织迅速传播开来并在美洲殖民地获得了众多信徒。最初该组织只是教会内部运动，后来打破了圣公会的制度框架，争取独立的殖民地，因而已不再适合纳入英国国教范畴。当卫斯理于1791年去世时，卫理公会派已经成长为英格兰信徒数量最多的非国教团体，也在所谓的新世界吸引了数量相当的信徒。

在犹太教中也出现了一种反对正统的虔诚运动：哈西德主义（Chassidismus），主要在18世纪下半叶在东欧传播并向中欧辐射，最初由具有超凡魅力的奇迹创造者、来自波多利亚的"美名大师"①以色列·本·以利撒（Baal Shem Tov, Israel Ben Elieser）发起。"虔诚者（Chassidim）"和"正义者（Saddikim）"强调他们与上帝的个人关

---

① 犹太教称号，指通晓上帝的秘名而行神迹治病的人，此处亦是对犹太人宗教运动哈西德派创始人的尊称。——编者注

图 8　宗教狂热——《伦敦的卫理公会派传道者》，当时的印刷品

系，并把祈祷而不是犹太教法典研究放在更为重要的地位。在东欧的许多地方，哈西德主义占了上风，导致正统拉比的权威丧失，犹太社区中未受过教育的普通信徒增多，但同时反对犹太人被同化的力量也增强了。

在天主教方面，对应新教革新运动的是詹森主义的出现，最初也是起源于 17 世纪。佛兰德神学家康内留斯·詹森（Cornelius Jansen）是伊珀尔（Ypern）的主教，他发起了一场有关教会之父圣奥古斯丁恩惠学说的根本性争论，即人的自由意志和对神的恩典的依赖这一基本神学问题——这也曾是宗教改革运动的核心问题之一。詹森主义在法国迅速传播，不仅和以教宗为代表的教廷强烈对立，而且也和教廷最重要的工具——与法国国家权力最密切相关的耶稣会——相对立。詹森主义和新教的革新运动存在很多共同点：奥古斯丁的消极人类图景、主观的虔诚主义、严格的禁欲道德、现实的社会活动、对官方教会的批判以及对启蒙理性宗教的拒绝。此外，詹森主义还抵抗耶稣会所提倡的注重感官的民间巴洛克天主教教义：朝圣、敬奉、各种节庆、热闹的游行——这些在奉行禁欲理性的詹森主义者看来，都是在经济上不理智的外在表象。

这场运动的中心在巴黎附近的熙笃会波尔罗

亚尔（Port-Royal）修道院。18 世纪初，法国政府一方面与教廷冲突不断，另一方面与詹森主义者的矛盾也十分尖锐，以至于路易十四命人将波尔罗亚尔修道院拆毁（1710 年）。在整个 18 世纪，将包括主教在内的法国信徒分裂成两个阵营的主要争议点在于教宗训谕《神唯一圣子》（Unigenitus）（1713 年），其中将詹森主义者帕斯奎·奎内尔（Pasquier Quesnel）的教义贬斥为异端邪说。尽管詹森主义在市民阶级和贵族公职人员中占上风，尽管遭到巴黎高等法院的苦苦阻挠，训谕仍然在1730 年成为法律，政府用尽一切手段付诸实施。为了镇压反对派，国家教会丝毫不让步，甚至拒绝对那些追随詹森教派神父的信徒进行临终圣事，也就是说把人们对永恒灵魂救赎的恐惧当作最后的施压武器。法国对詹森主义的极端镇压一方面导致该场运动在欧洲其他的天主教地区获得了更快的普及，另一方面也致使法国教会和国家暴露在严重的信仰缺失状态，面临着必须克服的各类困境：狂热主义、迷信、肆意妄为的统治阶级权威。

110

18 世纪法国詹森主义的意义不在于它是一个不同的神学流派和虔诚运动，而在于它是同时反对教宗和王权的反抗运动。因此，在法国它不仅依赖受过教育的市民阶级，还依赖传统的中间力量，即

贵族和高等法庭，信徒的宗教分裂给他们反对王权
注入了强劲的推动力。矛盾的是，国王在对抗詹森
主义者时要寻求教宗的支持，而詹森主义者则要求
一个脱离罗马教廷的独立的法国国家教会——这在
很长时间以来包括 18 世纪也是国王自己的政策方
针。詹森主义者对教会的理解，即将信徒整体置于
教宗之上，事实上使他们成为信奉天主教的当权
者的盟友，因为后者希望压制教会在他们国家的
特权。詹森主义在欧洲的其他天主教国家扎下了
根，尤其在哈布斯堡家族的领土，因此它也就不反
对国家权力，双方达成了同一战线，并共同致力
于天主教国家教会的改革（参照第八章"约瑟夫
主义"）。

111

　　上述政治努力在 18 世纪末取得了一项重大成
功：解散耶稣会。由于耶稣会具有广泛的地域组
织，有不依赖各领区的主教而直接听命于教宗等特
点，其被视作致力于将教士置于国家权力之下、削
弱教宗影响力的教会政策的最大阻碍。在天主教国
家，耶稣会几乎垄断了教育体系，而当时的整体气
氛对耶稣会来说并不有利，很难再按照传统的、反
宗教改革的原则居于领导地位，也很难再强有力地
对抗启蒙的世俗化倾向。耶稣会在葡萄牙、西班牙
和法国的美洲殖民地传出的政治和经济丑闻，相

继使其被驱逐出葡萄牙（1759 年）、法国（1764年）、西班牙和那不勒斯王国（1767 年）。教宗在政治上被削弱，开始依赖强大的天主教君主，并最终被迫在 1773 年解散了耶稣会。

各种宗教革新运动的发起人主要来自更高的、受到教育的社会阶层：从事商业贸易和受过良好教育的市民阶层、公职阶层和乡村贵族，在德国还包括处于上层贵族和下层贵族之间的帝国伯爵阶层。这些群体和以法国为主导的上层贵族宫廷文化相区别，并从中产生了数量众多的启蒙者。然而，"虔诚者"和启蒙运动之间相当分裂。两场运动的相似之处在于，它们都攻击各自的正统观念中的不宽容的传统，（一定程度上）主张不同派别的靠近，把个体及其主观信仰置于比机构更为突出的地位，而且两者都热心现实的社会改革。但是，在许多其他方面，它们是不相容的对手：例如，"虔诚者"坚持需要通过神圣的恩典来拯救根本上罪恶的人，并且不相信人性本善；他们抵制启蒙运动的世俗化倾向，并反对将基督教信仰减少为若干理性原则。虔信主义者和启蒙者之间存在着惊人的冲突，最著名的事件就是哈勒大学驱逐启蒙哲学家克里斯蒂安·沃尔夫（Christian Wolff）。然而，将两种运动之间的关系简单地解释为对立是没有意义的，这两个运动也相互影响，它们生长的社会土壤都是一样的，都源自受过良好教育的精英。两者都付出巨大努力，按照它们的想法来教化和改善"普通民众"。

这些努力在多大程度上取得效果，很难得出结论，在历史学家中也颇有争议，并存在很大的区域差异性。这取决于许多不同的因素。例如，在 18 世纪后期的符腾堡兴起了一场广泛的民众虔诚运动，法国历史学家注意到其中存在根本性的"去基督化"，这与 1770 年代法国乡村日常宗教活动的传统形式背道而驰。德国天主教城市也有类似的迹象：人们在立遗嘱时不再慷慨地给教会捐赠，不再让那么多的孩子成为神职人员或进入修道院，不再购买如此多的宗教书籍，等等。在多大程度上可以从这些现象中得出普遍的结论，还存在疑问。

那么，是否可以将 18 世纪称为"宽容的百年"呢？当然这不是指宗教宽容成为一种普遍的理所应当的实践，而是指这一要求在 18 世纪扮演着先驱者的角色：在宗教信仰这一层面，首次提出了每个人要摆脱外部束缚、追求个体独立的要求。有迹象表明，"宽容"一词起初作为一个纯粹的教规概念，在整个 18 世纪被扩展到越来越广大的思想和行动领域，逐渐呈现现在的一般意义。这反映了信徒对良心自由的主张已经扩展到对一般性甚至包括政治性言论自由的主张，反过来催生了对普遍政治参与的呼吁。然而，真正走到这一步，还需要众多的结构性变革作为前提，这些变革将在后面的章节中予以介绍。

第五章　交际的百年

—— 新的交流方式和媒体

新的社会交流方式

百年启蒙的特点不仅在于新的思想，而且在于新的思想交流方式；这两者之间是不可分割的。当时的人认为，交流对于启蒙和进步是不可或缺的，因为真理不是一种确定的所有物，不是一种天赋的固有的理念，而是一种可以获取的，是感知、情感、研究以及互相交流的结果。人类被看作一种社会性动物（animal sociale），如果没有他人的存在就无能为力。"vita contemplative"，即脱离俗世对永恒真理的沉浸式观察，不再被看作最高的人类生存方式，取而代之的是"vita active"，一种入世的、社交的、实际的行事方式。

社会交往逐渐突破了传统的界限，出现了一些新的方式。以前，个人的社交范围限于出生时就确定的阶层：在所属家族，在亲属圈，在乡村社区，在教区，在行会，在城区，在贵族集团。社会联系主要基于直接的、个人的接触，范围很小，一目了然。属于某个阶层群体，一般也决定了从属的信仰、参与政治的机会、潜在结婚对象的圈子，等等。 这些在很大程度上从一出生就注定了，不能自主自由地选择。

　　这种传统的、基于阶级群体的关系越发面临着被超越或被其他方式取代：阶级内部的交流被跨阶级的社交方式取代；小范围的社交圈被跨区域的交流网络取代；除了生来所属的社会环境，人们也可以自由选择社会关系；除了面对面的交流，印刷媒体的出现也带来了非个人的交流方式。

　　上述提到的趋势并不是到了18世纪才出现。比如，上层贵族从传统上就拥有遍及欧洲的社交网络，通过外交、骑士巡游和亲戚关系得以维系；学者之间自文艺复兴时期以来也保持着一种密切的跨区域关系网，他们将这种关系看作不可见的跨越界限的"文学共和国（respublica litteraria）"，即以拉丁语为媒介，以实现共同的教育理想为己任。此外，自中世纪开始，伴随着跨区域市场的出现，商人之间也产生了关系网。到了18世纪，原有的交流网络交织得越来越庞大，也越来越紧密，新的跨阶级的交流方式也出现了。在这一过程中，扮演越来越重要角色的是激增的印刷品，包括书籍、报纸和杂志，它们让读者无须互相认识，就能参与到同一交流过程中。所有的这些变化都导致了"市民公共领域"（于尔根·哈贝马斯）的形成：这一概念既描述了一种新的交流范围，也描述了参与其中

116

的新的人类社群。根据哈贝马斯的说法，18世纪的公共领域不仅经历着量变，还经历着质变。启蒙运动所带来的新的"市民公共领域"占据着"理性的审判席"，滔滔不绝地进行批判，覆盖到思想和行动的所有对象，甚至蔓延至政治统治领域。

公共空间交流的交织（通过印刷媒介）和经济市场的交织——这两者的并存是显而易见的。当时就有人提到了"观念市场（marketplace of ideas）"这一概念：和商品一样，观念也可以被交换，人们将这种不受阻碍的循环视为福利和进步。"观念市场"也可以从字面意思上理解：观念完全成为商品，成为市场的对象。文学和艺术作品——不仅包括书籍，还涵盖绘画、音乐和戏剧表演——和以往任何时候相比，都更趋于成为大众（主要是市民阶段，但也不仅限于此）的消费品。随着对"文化消费"需求的增长，众多拍卖行和画廊，首批公共音乐厅和剧院、图书馆，以及艺术品贸易应运而生。一个新型的社会群体出现了：有品位的受教养人士（也包括女性）拥有足够的财富，受过良好的教育，能够欣赏高雅艺术，而不一定要属于某个阶级。毋宁说是共同的文化爱好和品味，产生了一种新的跨越阶级的共同文化属性（参见第三章）。此外，文学和艺术的美学标准也受到以下事实的影响，即它们不再仅仅依赖于贵族或教会捐助者，也成为大众消费的对象。新的艺术门类，例如市民悲剧、市民小说或意大利喜歌剧（opera buffa），和传统的悲剧、华丽的宫廷小说或者意大利正歌剧（opera seria）区别开，主要是满足变化的公众需求。例如，在过去，传统的严肃英雄主题通常和上层人物以及古典的历史或神话题材相关联，而现在，市民阶级也可以充当悲剧英雄，当代社会也可以传递严肃题材：席勒的《阴谋与爱情》、莱辛的《爱米丽雅·迦洛蒂》、狄德罗的《私生子》等戏剧作品，卢梭的《新爱洛伊丝》和理查森的《帕梅拉》等小说作品都是其中促成新流派形成的著名范例。

以上描述的发展变化要以一系列的结构基础为前提。与今天相比，遥远空间距离之间的通信主要还是依靠个人旅行或书面传递。这两者的前提则是一套行之有效的交通体系。从 17 世纪开始，市场经济和政治需求就已经促使陆路和水路交通扩建。过去最重要的发明之一就是邮政系统，当时有人称其"毫无争议地属于那些为数不多的重要发明，它们是我们今天精细化国家保持完整文化的根本支柱。如果没有邮政，（……）所有的商业和文学交流几乎都无法实现，人类的友谊圈将囿于身体和当

下的局限性，受限于十分狭窄的范围"（波塞尔特
《启蒙科学杂志》①，1785 年，第 298 页）。

　　走路和骑马还是普遍现象，如果不想这么做，
就需要一辆马车，但马车不是人人都有。因此，17
世纪后期开始，很多国家除了设置送信的邮差，还
设置了运输人员、货币和货物的差使，这可是一项
伟大的成就。邮政马车定期且越来越准时地在更多
的路段上行驶，其间设置更换马匹和让乘客上下车
的驿站。由此诞生了首批有组织的公共客运交通，
从而改变了整个旅游文化。此外，邮政体系对于书
面往来是不可或缺的：包括个人信件的运输以及定
期发行的报纸和杂志等印刷品的准时寄送。尽管以
今天的标准看速度太慢了：骑马的邮递员平均每小
时行驶 1 里（约 7.5 公里）②，相同的里程，邮政马
车甚至还需要再加半小时，一封信从莱比锡到巴黎
路上需要 11~12 个小时；但是和以往相比，对信
件、商品和人员的运输已经密集、连贯和准时得
多了。

----

① 　E. L. Posselt（1763~1804），德国历史学家，曾担任《启蒙
　　科学杂志》（*Wissenschaftliches Magazin für Aufklärung*）
　　出版人。
② 　19 世纪晚期以前，德国的计量单位中，1 里（Landmeile）
　　约 合 7532.5 米，1 地 理 里（geograpische Meile）约 合
　　7420.44 米。——编者注

哪些新旧社交方式和媒体能够实现超区域和超阶级的启蒙思想交流？首先是或多或少的制度化的个人接触形式：私人圈子和沙龙、公共咖啡馆、阅读社团、俱乐部、各种"爱国"目的的组织、共济会分会和科学院等。这些团体虽然主要还是固定在某个地方进行定期聚会，但经常借助超区域的组织交织在一起，或者维系着广泛而分散的通信网络。最终，印刷媒体使交流不再依附于个人联系。18世纪图书市场井喷，报纸和杂志的数量越来越多，整体阅读文化也发生了变化。所有这些都是启蒙公共社会的组成部分，它们之间以多种方式相互联系，以下作简要介绍。

沙龙、社团、秘密结社

法国沙龙作为启蒙运动的重要发源场所，自17世纪以来将宫廷文化中的各类社交形式移植到了更加私密的空间。在贵族或市民出身的女性宅邸——极少数情况是在男性宅邸——"所有人（tout le monde）"在固定的时间相聚，欣赏文学或艺术表演，参加科学讲座和实验，尤其针对各种主题进行辩论，以及进行机智诙谐的艺术对话。当时这些教养良好的沙龙女主人，如唐森夫人（Mme du Tencin）、德芳夫人（Mme du Deffand）、乔佛宏夫人（Mme Geoffrin）和雷斯毕纳斯小姐（Mlle de Lespinasse），将沙龙塑造成了社交空间，让平时相互隔离的不同世界聚集到了一起：宫廷贵族、高级官员、神职人员、艺术家、作家、学者等，这些社会地位迥异的人自然而然地在这里进行自由的交流。在其他公共场所，由于受到礼节的限制，这种交流是很难成功的。后来著名的"哲学家（philosophes）"朋友圈，也就是首次将启蒙运动提上议程的那些人，包括伏尔泰、狄德罗、达朗贝尔、卢梭、爱尔维修、霍尔巴赫、孔多塞、孔狄亚克、摩莱里、马布利、格里姆、加利亚尼等，这些人至少在一段时间内，可以在沙龙里不受政府阻碍，自由地交流思想，共同策划一些项目，并和实权部门建立联系，从而有助于他们逐步占据政府部门和科研院校的重点岗位。

巴黎沙龙在某种程度上继承了法国宫廷，在品位、艺术、文学、科学和政治等各个方面都成为意见领袖。它们成为欧洲范围内启蒙者交流网络中无可争议的中心，对所有前来巴黎的知识分子来说都是最具吸引力的地点。这些人一方面参与了讨论，一方面又将讨论的成果带回自己的家乡：爱丁堡和圣彼得堡、柏林和华沙、维也纳和米兰、阿姆斯特丹和那不勒斯。沙龙所散发的智慧光辉甚至被传播到欧洲各大宫廷，一些君主试图通过与伏尔泰和狄德罗等杰出启蒙者结交来为自己装点门面。即使是市民出身的沙龙女主人乔佛宏夫人也与弗里德里希二世、叶卡捷琳娜二世和玛丽娅·特蕾莎保持着私人关系。然而，等到在宫廷相会时就会很快分清哲学家和国王之间交流的界限在哪里（参见第八章）。

　　在其他欧洲国家，也有女性经营这样的沙龙，虽然不像巴黎那样重要，例如日内瓦的内克尔夫人（Mme Necker）和维也纳的图恩伯爵夫人（Gräfin Thun）。与巴黎类似的由女性主导的鼓舞人心的沙龙文化，直到18世纪末浪漫主义萌芽才在德国出现。法国沙龙文化的显著特征是男性和女性的混合社交（参见第六章），这与他们的准私人性质有关。在18世纪的其他私人友谊圈中，受过文化教育的女性也能够发挥一定的作用。而另一方面，一切制度化程度更高的组织或者具有公共性质的社会生活，通常仍然会在法律上或事实上排斥女性。

　　例如，在英国贵族精英中最重要的思想交流场所——俱乐部就是如此，这纯粹是一个男性的社交世界。欧洲大陆上的这种俱乐部文化不容女性参与其中。18世纪20年代巴黎著名的"夹层俱乐部（Club de l'Entresol）"是一个政治辩论圈，达让松（d'Argenson）、孟德斯鸠、德·圣皮耶都

121

在这个圈子里。公共咖啡馆也是如此，它是除俱乐部外影响英国社交圈的又一重要因素，并且引领了欧洲大陆的诸多潮流。从殖民地进口的咖啡和茶成为18世纪市民"中产阶级"的新宠，因为和传统的国民饮品啤酒与葡萄酒不同，它们不迷惑心智，反而令人精神振奋：它们被视作"精神"享受，饮用它们被视作一种高雅的生活方式。17世纪以来在伦敦和其他英国城市开张的咖啡馆，很快也进驻了欧洲大陆，迅速成为市民社交的核心场所，并以其清醒的气氛逐渐取代了传统的酒吧、小酒馆和乡村旅馆。在这里不仅可以享用咖啡和茶，还可以阅读报纸、交换信息、洽谈业务，对当前热点主题进行辩论。因此，作家理查德·斯蒂尔（Richard Steele）推出新的文学类型《道德周刊》时，是将特定的伦敦咖啡馆作为各类投稿的编辑场所和收集站，也就不足为奇了。

除了上述新型公共交流场所，18世纪社交的特点还在于不同形式的"社团"，通常从非正规的交流圈衍生而来。这些团体通常由来自不同社会阶级的（几乎全是）男性构成，他们为了共同的目标自愿联合起来，自行制定章程、募集捐款、设定特定的成员（平等）权利和义务，并按照这些规定定期聚会。这类自由"协会"的榜样是17世纪的科

图 9 《伦敦咖啡馆》,版画,1705 年前后

学院，其与阶级集团的主要不同在于成员是自由选择产生的，成员构成是跨越阶级的，以及是为了特定目的聚集在一起的。而与传统科学院（参见第七章）相比，它们在许多方面的差异不太明显，最重要的差别是它们不是国家的官方机构。不同社团的目标可能存在非常大的差异，有文学类、经济类、自然科学类或一般"爱国"类，即非营利组织。

在德国，18 世纪下半叶特别普遍的一种社团即阅读团体。最初，社团用会员费购买书籍，然后借给会员阅览，还可以让会员在社交圈内一起阅读。人们也会参与讲座和讨论。会员资格通常没有正式限制（在某些地方也接纳女性会员），但会员费和所需的教育水平往往会将小市民阶级手工业者以及大多数农民排除在外。由于当时几乎没有公共图书馆，在小的乡村城镇，这种阅读社团致力于让更多的读者读到市面上层出不穷的书籍和杂志，同时也为所读的内容提供交流讨论的场合。

拥有更加深远目标和较高的组织化程度的团体要数当时欧洲范围内的"爱国"、"慈善"或"经济"社团，这也是 18 世纪的一个显著现象。它们旨在在一切可能的领域进行实际的改革，推动经济进步和人道主义改善。"普通民众"的生活和经济条件与当时的科学成就之间的鸿沟应被填平，越来越多的社会群体陷入贫困的情况应得到改善。通过理论和实践上的启蒙，未受过教育的"乡下人"被允许共享时代成果，实现大众福祉。首批具有开拓性意义的经济团体出现于爱丁堡（1723 年）、都柏林（为了在上一年度大饥荒后寻求发展援助，由一些英国殖民者在 1731 年成立）、伦敦（1754 年）以及在欧洲大陆，特别是在伯尔尼（1759 年）。到了世纪末，整个欧洲涌现了无数个类似的组织：一些昙花一现，另一些存在至今；一些是松散的组织，另一些则有固定的章程；一些立足本地，另一些则是跨区域的。其中一部分主要涉及农业创新，如土壤改良和虫害控制、新作物和技术的引进、森林保护和公共土地的分配；另一部分专注于医院、公立学校、救济院和孤儿院的筹建、资助和运营，或者致力于更广泛的"普通民众"的道德教化和"相对"启蒙。更广义的联合会范围还包括致力于传播基督教信仰的社团，例如英国圣公会的"基督教知识促进会"或者位于巴塞尔的"德国基督教协会"。

125

　　上述组织所使用的方法包括数据盘点，这是一切改革的首要条件，还包括兴建模范农庄和工厂设施，建立福利机构等。这些组织的成员通常由当地政要组成：地方法官、贵族、牧师、官员、商人、企业家、医生和教授。一个团体经常建立若干子团体或在更大范围内建立联络关系。参照科学院的模式，团体也通过一系列出版物和有奖竞答的方式引起公众关注。

在英国，这些组织主要基于私人倡议而成立。这是一种新的资产阶级精神的表达，他们没有把公共福利的责任让渡给政府，同时也从慷慨的慈善活动中汲取社会声望。在其他国家，这些组织更多地受到当局的控制（其章程通常必须得到政府的正式认可），甚至是基于当局的倡议而成立的。然而，公共和私人领域尚未明确区分：在这些集团中，新的精英一方面享有政治权力，但另一方面又被排除在外，他们承担着所谓的"公共"职责，也就是说，承担超出各个家庭但（还）没有完全由国家接管的职能。

一种特殊的社交形式，也是启蒙世纪出现的一种矛盾现象，是来自英格兰的秘密会社，自18世纪30年代开始以极快的速度风行欧洲大陆，并呈现各种不同的表现形态。这一切都始于共济会秘密社团（英语为free-masons，法语为franc-maçons），它遵循中世纪石匠行会的传统，并用新的内容填充古老的社交方式和仪式。秉承基督教兄弟之爱精神，为了构建更美好的社会，人们在各自的会所里开展共济会活动，具体的细节都受到严格保密。成员定期会面，最初是在客栈或私人宅邸，后来大多在各自的会所，共同就餐，举办讲座和讨论会，尤其要遵照复杂的内部仪式。会所聚会严格遵循仪式规则，如果不遵守，就要遭受处罚。要进入组织，必须获得原有成员的同意，还要通过一定时间的考察。通过一套复杂的团体仪式，才能一步步获得更高的地位，并逐渐上升到更高的层级，进而接触到更高的"秘密"。

　　这些会所遵循基督教的慈善理念、宗教宽容和世界主义的理想。为了避免任何有关国家和宗教问题的争议，这些话题明确地为成员所排斥。重要的是成员们在道德上的进步，从而推动整个市民社会的道德完善。在各个会所中，来自不同教派、出身阶级和职业领域的成员有意识地团结一致；在英格兰，甚至犹太人也没有被排除在外。但是，妇女通常无法进入。一般来说，共济会分会像其他社团一样，由各个地方或领区的精英成员组成：上层贵族和一般贵族、公务员、军官、商人、教授、自由职业者、神职人员等；甚至一些君主如弗里德里希大王或皇帝弗朗茨一世都是著名的共济会成员。虽然分会的仪式明确要求将日常的等级和地位置于一边，从而创造一种社交环境，用内部平等的礼仪代替外

127

128

图 10 《共济会大会上举行的入会仪式》，铜版画，维也纳，1745 年

部世界的等级礼仪。但这并不意味着分会已经跨越了所有社会边界。在日常生活中没有交往的人，在会所中也不会坐在一张桌子上。共济会更多是反映并促成了新的社会精英的形成；对他们来说，共济会提供了一种超越旧集团的社交沟通媒介。

在英格兰已经存在一种同质的资产阶级文化，于是英格兰成为运动的发源地。超区域组织出现于1717年，当时四个伦敦会所合并成英格兰总会所。1723年，他们给自己制定了第一部"宪章"，并制定了所谓的"古老职责"。在成立日，即圣约翰日后，这种最初的形式（使用学徒、熟练工和大师的称号）后来被称为"约翰共济会"。早在1725年，巴黎就有了第一个会所，后来遍及法国的几乎所有大中城市。根据最近的估计，在1789年法国共济会共有698家分会，大约5万名成员（R. Chartier）。从伦敦到巴黎，共济会遍布欧洲，尤其在都城、大学城和商业城。在德国，第一家分会于1737年在汉堡成立，到世纪末，整个帝国拥有约450家分会。关于会员人数没有可靠数字，但粗略估计有2.5万人。教宗在1738年和1751年的禁令均告失败；在南欧的天主教国家，共济会的扩展也非常迅速，因为它显然也满足了当地对新型社交的广泛需求。

在 18 世纪，共济会分裂成相互竞争的复杂"体系"，此外还有全新的兄弟会建立起来。新的潮流更加突出神秘要素，并承诺必能获得自然哲学和炼金术真理。在法国出现了所谓的高等级共济会，之所以这样称呼，是因为在其中可以逐步达到更高秘密等级（超过传统的三个等级）。然而，成员无法通过成就和功绩晋升，只能靠上级的恩典，而上级的身份是不明了的。这些由贵族和军官占据社交主导地位的新体系在某种程度上是一种反对传统共济会的运动，而有人认为后者按照自身的规则注定会被打败。与之相对的，世纪末再次出现了回归共进会慈善初衷的潮流，但是这也无法阻止秘密会社的分裂。

然而据此就认为 18 世纪的传统共济会不存在神秘的特点，是错误的。神秘性和启蒙进步哲学更多情况下是相辅相成的，这一点可以尤其明显地从光明会秘密组织中窥见。该组织是共济会后期的分支，也是对手，在神圣罗马帝国一度造成了广泛的影响，甚至吸纳了歌德、赫尔德和魏玛公爵等著名人士成为会员。该组织成立于 1776 年，由因戈尔施塔特耶稣会学生和教会权益人士亚当·威斯豪普特（Adam Weishaupt）发起，阿道夫·科尼格男爵（Adolf Freiherrn von Knigge）将其推广，使

之迅速在心怀不满的共济会成员中扩散开。该组织
的特点在于其等级专制的领导风格以及成员间严格
的相互监督和纪律。威斯豪普特所主张的历史哲学
观既立足于启蒙哲学，又立足于基督教信仰，同时
他将该兄弟会视作执行上帝救世计划的帮手。他认
为，社会的完善应该以个人的完美为基础，这样
一来政治统治将会是多余的。巴伐利亚政府早在
1785 年就禁止该组织在其境内活动，而它继续在
帝国其他地方存在，其成员担任过众多重要职位，
比如在司法领域。

　　法国大革命爆发后，有阴谋论怀疑共济会和光
明会在背后秘密策划了政变。虽然这在历史上是完
全站不住脚的，但总有一些历史学家认为这些秘密
社团存在间接的颠覆政权的特点，似乎在秘密的掩
护下从事着近似民主形式的活动，为社会改革提供
了一种模式。然而，最近的研究倾向于认为这些分
会首先关注的还是组织内的兄弟集会，致力于为新
的精英提供合适的社会交往平台。笼罩着这些会所
的神秘光环增加了其吸引力，不管是否真的存在颠
覆目标。有一点可以断定，即多样化社团为成员在
各自制定的"宪章"规则框架下，提供了自由、自
主选择和超越阶级的联系。

印刷品市场、阅读文化、公共空间

重要作品出版信息

1686	贝尔纳·德·丰特奈尔《关于宇宙多样性的对话》
1687	艾萨克·牛顿《自然哲学的数学原理》
1688	丰特奈尔《关于古人与现代人的离题话》
1689	约翰·洛克《论宗教宽容——致友人的一封信》
1690	洛克《人类理解论》
1693	洛克《教育漫话》
1696/1697	皮埃尔·培尔《历史批判辞典》
1704	牛顿《光学》
1706~1763	约翰·海因里希·泽德勒《百科全书》
1711	第三代沙夫茨伯里伯爵安东尼·阿什利·库珀《论性格》
1713	德·圣皮耶《关于欧洲实现永久和平的计划》
1714	戈特弗里德·威廉·莱布尼茨

《单子论》

1719	丹尼尔·笛福《鲁滨孙漂流记》
1721	孟德斯鸠《波斯人信札》
1725	詹巴蒂斯塔·维柯《新科学》
1726	乔纳森·斯威夫特《格列佛游记》
1728	伊弗雷姆·钱伯斯《百科全书》
1730	马修·廷得尔《基督教与创世同龄》
1731	安东尼·普列沃斯神父《曼侬·莱斯科》
1733	亚历山大·蒲柏《人论》
1734	伏尔泰《哲学通信》
1735	卡尔·冯·林奈《自然系统》
1739	大卫·休谟《人性论》
1740	塞缪尔·理查森《帕梅拉》
1744	莱昂哈德·欧拉《寻求具有某种极大或极小性质的曲线的方法》
1746	德尼·狄德罗《哲学思想录》

1747	朱利安·拉美特利《人是机器》
1748	大卫·休谟《人类理解研究》
	孟德斯鸠《论法的精神》
1749	狄德罗《论盲人书简》
1750	让-雅克·卢梭《论科学与艺术》
1751~1780	狄德罗和达朗贝尔《百科全书》
	伏尔泰《路易十四时代》
1754	孔狄亚克《官能论》
1755	卢梭《论人类不平等的起源与基础》
1758	克洛德-阿德里安·爱尔维修《论精神》
	弗朗索瓦·魁奈《经济表》
1759	伏尔泰《老实人》
	亚当·斯密《道德情操论》
1760	劳伦斯·斯特恩《项狄传》
1761	卢梭《新爱洛伊丝》
1762	卢梭《爱弥儿或论教育》
	卢梭《社会契约论》
1764	切萨雷·贝卡里亚《论犯罪

132

与刑罚》

伏尔泰《哲学词典》

1765 安内 – 罗贝尔 – 雅克·杜尔哥《关于财富的形成和分配的考察》

1766 戈特霍尔德·埃弗拉伊姆·莱辛《汉堡剧评》

1767 摩西·门德尔松《斐多或论灵魂不朽》

1768 约翰·约阿希姆·温克尔曼《古代艺术史》

1770 雷纳尔《东西印度欧洲人殖民地和贸易的哲学与政治史》

保尔·昂利·霍尔巴赫《自然的体系》《论偏见》

1773 约翰·戈特弗里德·赫尔德《关于人类教育的另一种历史哲学》

1774 约翰·沃尔夫冈·歌德《少年维特之烦恼》

1776 亚当·斯密《国富论》

1778 布丰《自然史》

1779	莱辛《智者纳旦》	
1781	伊曼努尔·康德《纯粹理性批判》	
	卢梭《忏悔录》（去世后发表）	
	克里斯蒂安·威廉·多姆《论犹太人的资产阶级改良》	
1788	康德《实践理性批判》	
1789	安托万·德·拉瓦锡《化学基础论》	
1790	康德《判断力批判》	
1791	托马斯·潘恩《人的权利》	
1792	特奥多尔·希珀尔《关于女性的资产阶级改良》	
1793	孔多塞《人类精神进步史表纲要》	

133

　　自主选择的社会交往原则，以及建立组织所依靠的友谊，是 18 世纪新贵族市民中产阶级通过特别的方式培养出来的。很有代表性的是，"友谊（Freundschaft）"这个单词在德语中直到当时才获得了如今我们所熟知的含义：在 17 世纪，它指的还是广泛的姻亲关系，如今的含义却恰恰相反，指的不是实际亲属关系，而是"灵魂亲属关系"，一种带有强烈个人印记的反映人与人之间的好感的真诚关系，尤其出现在男人之间，也包括女人之间，但是鲜少出现在男人和女人之间。和阶级、官衔以及职业所衍生的一般外在关系相对，人们期待着友谊能带来人格的自由发展和道德上的共同进步。

理想的友谊不仅能通过直接交流获得，而且可以通过时下流行的信件来往来培养。受教育阶层，包括男性和女性，在 18 世纪以前所未有的程度借助这一媒介进行交流，他们拿起手中的笔——即使空间距离并不远——相互透露自己内心的想法和感受，探讨哲学和科学问题，或者只是分享日常生活中的小事。有无数 18 世纪的私人信件留存了下来，其中许多都具有很高的文学水平。与此同时，许多写信者也写日记或撰写自传。在一种新的感觉和个人情感的培育过程中，人们开始专注于自我，这在之前的几个世纪根本难以想象。充其量在过去"虔诚者"的良心审查中有过对自我的书面探讨。人们也通过信件交流当时关于一切哲学问题的讨论。通过旅游所结交的启蒙者圈子，也通过通信得以维护，收到的信件还会在朋友圈中被传阅。

对话和书信这类交流方式毫无意外地成为 18

134

世纪最受欢迎的哲学和文学体裁。著名的"市民阶级"小说常常采用虚构的通信方式——其中有很多例子,但一般最容易想到的就是歌德的《少年维特之烦恼》——这些多愁善感的书信体小说反之又成为个人通信的典范,让人们用言语把个人感受表达出来。此外,洛克的《宗教宽容书简》、伏尔泰的《哲学通信》、孟德斯鸠的《波斯人信札》以及狄德罗的《论盲人书简》都采用了书信体。此外,哲学论文还会采用在多个虚构人物之间对话或谈话的形式。这种形式有着悠久的传统,至少可以追溯到柏拉图和苏格拉底的对话。这种方式之所以在18世纪如此受欢迎,是因为其摆脱了僵化教条的立场,展示了多个角度,并通过各方交流直接描绘了启蒙运动的过程。这些例子说明了个人和超越个人的沟通形式是如何相互影响的。

印刷书籍市场在18世纪正式地迎来了繁荣期,成为启蒙运动最为广阔和普遍的推广媒介,是字面意义上的"思想市场"。印刷图书在很大程度上迎合了受教育阶层日益增长的交流需求:它突破了个人来往的界限,创造了一个人人都可以参与的公共空间,这些人有足够的阅读和写作能力,并拥有足够的财力去购买印刷品。由于书籍、报纸和杂志的撰写人尚未达到与今天相同的专业化程度,因此更多的受众不是被动接收信息，而是积极参与其中。弗里德里希·席勒恰当地称呼他的时代为"被墨水浸润的百年"（《强盗》第 1 幕第 2 场）。当时的受教育阶层——其中不乏女性——通过参与期刊和百科全书的撰写，寄送读者来信，公开日记、自传和信件，以及出版无数科学和哲学论文等来参与公共讨论。

印刷出来的文字成了大宗商品。每年出版的书籍数量显著增加，印次也在提高。因此，图书的价格也更便宜。大多数图书不再采用大开本牛皮装订这种昂贵的形式，而是以较小的四开本和八开本① 形式出现。有名的法国"蓝色图书馆"首次以廉价小册子系列的形式出版著名小说，因此进一步扩大了购买者的圈子。

图书行业的日益商业化也意味着越来越多的人试图通过写作谋生，不过大多数作家仍然只在他们的"业余时间"写作。例如，莱辛和狄德罗的经历就很好地证明了在德国和法国单纯靠写作很难过体面的生活，而在英格兰已经培育了庞大的富裕的阅

136

---

① 15~19 世纪，欧洲的全张纸尺寸仅约为 20cm × 30cm 或 30cm × 40cm，且没有统一的标准，其四开本和八开本尺寸小于今天国际惯用的规格。1883 年起德国尝试规定全张纸尺寸和开本尺寸，其中八开本也只约为 10.5cm × 16.5cm。——编者注

图 11 《图书馆和书店》，帕特·希拉瑞恩（Pater Hilarion）《世俗
不当行为图册》插图，1785 年

读群体，因此像大卫·休谟这样的作家，可以凭借《英国史》一书获得一笔收入。写作的专业化使得缺乏著作权保护成为一大问题。作品不仅不加限制地被重印，而且被其他作家采用、缩写、扩写、改编，然后自然而然地用自己的名字出版。这种文本和作者的关系在 18 世纪发生了根本性的变化。随着人们开始尝试通过著作权法来对此加以保护，知识产权的概念出现了。

随着市场上印刷品在数量上的增长，印刷品的质量也发生了变化。首先，内容重点转移：宗教文学（《圣经》、祈祷和唱诗文、虔诚文学等）占图书市场的份额下滑，而科学及"纯"文学作品份额上升。拉丁文著作的数量有所减少，取而代之的是民族语言作品；流行读物数量的增长速度超过专业文本（后者的数量也有所增加）。畅销书在图书市场上的份额比以往任何时候都大；"市民小说"的伟大时代开始了。

内容上的转变表明，读者的兴趣和构成发生了变化，即由原本的专业读者，拓展到了广义上的受教育读者群，其中还包括大量的女性。读者有越来越多机会接触到读物。上文已经提到过阅读社团。此外，书商还瞄准了所谓的阅读室；私人、修道院或诸侯的藏书逐渐地部分向公众开放；首批公共借

138

阅图书馆出现了。

　　然而，在缺乏写作和阅读能力的社会底层，读者数量仍然有限。消灭文盲是启蒙运动的核心关注，只有这样"普通民众"才可能受到启蒙运动的影响。尽管早在16世纪宗教改革和反宗教改革所兴起的开办学校热潮已经形成了一股消灭文盲的推动力，但是还没有形成全覆盖的基础教育或普遍义务教育（参见第八章关于教育改革的内容）。尽管在农村地区，村庄和教区已经开设了学校，除了初步的读、写、算，主要还是照本宣科地讲授宗教知识。但是，父母只有在不缺乏劳动力的前提下，才会将孩子送去学习。不过，一般来说，城市和农村的底层人民不是完全没有阅读能力，他们也在家里、教堂或乡村旅馆参与朗读活动。在过去，他们所接触到的书面作品仅限于宣传单、民间圣经和宗教虔诚作品，而现在，他们从启蒙者手中获得了大量流行和"易懂"的非虚构作品，不仅从道德、宗教方面，还从经济和实践方面获得教育，有助于摆脱迷信、偏见和不良习惯。

　　虽然扫盲未能取得完全的成功，但仍然可以说18世纪掀起了一场"阅读革命"。随着阅读量的增大，阅读行为也发生了变化。过去人们——除了专业的学者阶层——通常一遍又一遍地阅读同一本书，大多是宗教和陶冶情操的书籍，而且常常在听众面前大声朗读，比如在家人面前；而现在则朝着泛读和私密化的方向发展，也就是说，人们现在很多书只读一次，而且是静静地自己读。这从根本上改变了读者与书的关系；至少在受教育阶层，书籍越来越"去神圣化"（R. Chartier）。换句话说，书不再是宗教崇拜的对象，而成了日常消费的对象。这反过来又影响到读者和读物内容的关系，后者不再是不容置疑的权威，而是众多观点中的一个。

18 世纪印刷市场的深刻变革尤其体现在杂志和报纸这样的周期性刊物的大暴发上。在世纪初，一种新的文学体裁吸引了越来越多的读者，这是一种带有明显早期启蒙特征的体裁：道德周刊，英文称为"moral weeklies"。理查德·斯蒂尔和约瑟夫·埃迪森（Joseph Addison）出版的英文期刊《闲谈者》（*The Tatler*，1708~1711 年）、《观察者》（*The Spectator*，1711~1712 年）和《卫报》（*The Guardian*，1713 年）成为该题材的先锋，全欧洲争相效仿。例如，在德国就有两个特别成功的案例，约翰·克里斯托夫·戈特舍德（Johann Christoph Gottsched）的《理性的女挑刺者们》（*Die vernünftigen Tadlerinnen*，1725~1726 年）

以及汉堡周刊《爱国者》（1724~1726 年，每期印量高达 6000 份，而每一份不止一位读者）。这些不计其数的刊物，当然其中很多熬不过一或两年，深刻影响着 18 世纪上半叶的图书市场。这些刊物提供丰富的读物，有标准的定位，非常精确地迎合了时代的阅读品味，而且满足了不断增长的非专业大众读者的需求。道德周刊也明确面向女性读者，甚至出现了专门针对儿童的刊物。这类每周出版的刊物不包含政治或其他新闻，主要刊登各种不同的短小文学类型：故事、寓言、书信、对话、诗歌。所有这些的主要目的是道德教导；娱乐形式是传输道德内容的手段。带有道德指引作用的周刊所传导的价值理念包括勤奋、节俭、谦虚、贞节、诚实和乐于助人。借助道德周刊，启蒙者的教育实践跨越阶级、年龄和性别，和受众的娱乐及学习需求相匹配，而后者也部分参与了这些刊物的撰写工作。

141

道德周刊只是杂志和报纸市场的一个组成部分，这个市场的起源可以追溯到很久之前。早在 17 世纪，就有每周或每月出版的杂志，以及首批一周出版多期的报纸。最有名的早期刊物主要面向学者群体，主要介绍正在扩大的学术图书市场，例如创刊于 1655 年的《科学期刊》（*Journal des savants*）、皮埃尔·培尔（Pierre Bayle）创刊于 1684 年的《文学共和国新闻》（*Nouvelles de la république des lettres*）以及创刊于 1682 年的莱比锡《博学档案》（*Acta eruditorum*）。除了这类书目和文学评论机构，17 世纪也出现了政治类杂志。德意志民族的神圣罗马帝国在该领域处于领先地位，这是因为领土的四分五裂对政治类刊物是有利的，而有效的审查机制对之不利。在帝国及其各成员国当中，有一个跨地域的学者群体在《欧洲剧院》（*Theatrum europaeum*）和《法兰克福展会报》（*Frankfurter Meßrelationen*）等报刊上定期发表关于外交、宫廷或军事的新闻。还有每周印刷多次的新闻页面，也就是现代意义上的报纸，也首先出现在德国。首份报纸——还不是每天印刷的——于 1605 年出现在帝国城市斯特拉斯堡，而首份日报于 1650 年出现在莱比锡。欧洲首家政治类的日报媒体要到 18 世纪才出现；英国的第一份日报应该是 1702 年的《每日新闻》（*Daily Courant*）。这些早期的报纸在很长一段时间里主要局限于战争和外交方面不含评论的"逸闻趣事"，包括宫廷的流言蜚语、自然灾害、怪胎和天体奇观等。销售范围大都局限于区域或地方，只有少部分的受众突破了区域限制。

142

虽然报纸和杂志市场的起源可以回溯至 17 世

纪，但到了 18 世纪我们可以观察到产生量变与质变的各种新趋势。一方面，在 18 世纪后三分之一的时间里，报纸和杂志的数量几乎呈爆炸性增长；一些期刊的发行超越了区域限制，如《汉堡无偏见通讯报》(*Hamburgische Unpartheyische Korrespondent*)或《法兰西信使》(*Mercure de France*)。另一方面，期刊市场的分化越来越明显：有面向妇女和儿童的杂志，有时尚和大众报刊，有以文学、科学、历史和政治内容为主的学术和流行杂志，有各种团体和学会出版的期刊，以及广告和所谓的"知识报（Intelligenzblatt）"①。此外，期刊和报业变得越来越政治化。18 世纪后三十多年，在专业学术讨论和道德教育之外，出现了批判性的政治评论。日报刊登的较少，主要是大型的文学政治性期刊为政策问题和时事评论提供了一个平台。通讯报道不仅传递信息，而且增加了越来越多的评论，一份报纸引发了出版方和读者之间的政治讨论。当时的热门话题包括美洲殖民地争取独立的斗争、粮食贸易的开放、日内瓦爆发的民间起义、英国的民众暴动、关于耶稣会教士的丑闻、法国的金融困局以及启蒙君主的

① 或称作"情报广告报"，是一种刊登官方通知以及各种广告信息的报纸类型。

管理改革——这些新闻都不是干巴巴的报告，而是
引发了热烈讨论。

其中引起最大轰动和公众讨论的是 1762 年至
1765 年的卡拉斯事件。信奉胡格诺派的让·卡拉
斯（Jean Calas）因受到谋杀其子的指控被执行死
刑，该案的审判备受争议。伏尔泰介入了这起案件
并谴责该判决是一起宗教政治性质的谋杀案。他的
公开努力最终使该案改判。这意味着"公众意见"
首次取得重大胜利，建立了更高一级的政治和道德
机制。在 18 世纪的后三分之一时间里，启蒙者们
在所有的欧洲国家都借助刊物来辩论关于宗教宽
容、大众启蒙、农奴制度、贸易自由、法律改革和
新闻审查等根本问题，例如在本书导言中就已经提
到的《柏林月刊》关于启蒙本质问题的讨论。当时
引领意见的刊物有尼德兰的《莱顿公报》（*Gazette
de Leyde*）、英国的保守派《工匠》（*Craftsman*）
和激进的《北不列颠人》（*North Briton*）、德国
哥廷根政治学教授奥古斯特·路德维希·施略策
（August Ludning Schlözer）出版的《统计通告》
（*Stats-Anzeigen*）以及符腾堡人克里斯蒂安·舒
巴特（Christian Schubart）出版的《德意志编年
史》（*Deutsche Chronik*）。

上述这些构成了一个跨越阶级、职位和职业以

及领土边界的公共交流空间。公众通过在这些媒介
上的阅读和写作参与共同讨论，从而有权利也有能
力在面对人类思想和行动的一切问题时作出理性的
判断。"公众意见"因此成为参与政治的一种补充。
许多启蒙者对于这种在理性框架下进行的公众讨论
十分乐观，认为光是讨论本身就能够获得真理，并
且在政治行动中取得突破。一方面，政治新闻为臣
民的政治判断力创造了先决条件，另一方面也给予
他们运用这种判断能力的机会。

144

　　然而，这对执政的政治精英提出了挑战，这
些人传统上主要是秘密地从事活动的。公共讨论很
快在很多国家遭遇了当局审查机构不同程度的政治
限制。以前一直是由教会控制印刷品市场，如今禁
书目录已经难以执行了。教会权威已被各个国家
的审查机构所取代，不过这些机构也首先反对宗
教上的不服从。在大多数国家，印刷书籍都需要
国家许可，但是实际的做法非常不同。在英格兰，
要求每本印刷书籍都必须由国家掌控的《许可法》
（Licensing Act）于1694年到期并不再延长，由
此带来了官方层面的印刷自由；但实际上出版仍然
受到诸多限制，因为人们可以控告引起骚动的不受
欢迎的作者。最宽容的氛围出现在宗教多元化的尼
德兰；在阿姆斯特丹或海牙能看到其他地方禁止的

145

书籍。在丹麦（1770年）和哈布斯堡（1781年）领土上，几乎取消了一切形式的审查，因为激进的改革者（分别为施特林泽和约瑟夫二世）承诺支持出版以对抗贵族和教会中的反对势力；然而，在这两个案例中，新闻的完全自由都没能持续太久。在所有其他国家，当局试图控制印刷品市场，包括大量的翻印。大多数启蒙者与当局的看法是一致的，即言论和出版自由不应该完全没有限制；只有在涉及公民顺从、宗教尊重和良好道德的具体界限"在哪里"时，他们的意见才会有所不同。在审查机关中也有不少启蒙运动的追随者，他们大方地行使职权。例如，在法国，支持启蒙运动同时也是贵族官员的纪尧姆·马勒泽布就担任了数十年的图书行业高级监察官，他努力在政府的审查要求和哲学家们对于向公众开放的需求之间寻找微妙的平衡。但即使试图完全严格、毫无漏洞地执行审查制度，也会遇到执行上的困难。当时还没有国家具备现代化的监控机器，无法阻止在外印刷以及匿名发表的书籍，也无法阻止其私下里在启蒙者的圈子里传播开来。

和新思想一样，这种新的跨越阶级的社交方式以及跨地域的传播手段成为18世纪的标志。口头和书面传播方式本身与思想的方法及内容互相交

146

织，不能分离：没有书信文化就没有 18 世纪的感性主义，没有跨国旅行就没有世界主义，没有经济团体的出现就没有大众启蒙思想，没有新闻行业也就没有了政治批判。

第六章 女性主义的百年？

—— 家庭结构、性别角色、教育

家族和家庭

在何种意义上可以称 18 世纪是女性主义的百年？毕竟，当时在欧洲的每个地方，女性都像今天的孩子一样不成熟；她们需要一个男性监护人（一般是她们的父亲或丈夫），才能从事合法行为，她们仍然被禁止参与政治（除非传统的王朝继承法赋予她们统治的义务）。那么有什么依据能支持这种说法呢？

"女性主义的百年"对应着当时许多人的自我评价。他们为生活在一个进步和文明的时代感到骄傲，这基于一个论断，即女性的地位能最好地反映某个社会的道德文明状态，并且他们相信，女性的地位——至少在受教育的中层阶级——已经达到了有史以来人类的最高水平。他们认为，当代的高文明标准体现在妇女不再被奴役和剥削，而是与丈夫共同维护合作关系，在心灵和思想教育方面不落后于对方。与此状态相比，其他时代和其他国家的女性地位则令人不悦：一夫多妻制、奴隶制，就连亚马孙的女性统治也都是反面例子。然而，人们考虑的并不是性别的平等或权利平等，恰恰相反，中产阶级女性似乎直到现在才真正胜任了她们的天然职责：她们终于从普通女性的繁重体力劳动或宫廷不自然的繁文缛节中解放出来，从而只专注于天然的义务，即操持家庭事务，爱护丈夫，扮演自我牺牲的母亲角色以及养育子女。这种与新中产阶级的生活条件相适应的特定女性理想，在当时的人们眼中是一大历史成就。

自18世纪开始这种生活状况发生了显著的改变，简单来说，就是从"整体家族"转型为"市民家庭"。"整体家族"（希腊语为oikos）的概念是由历史学家奥托·布鲁纳（Otto Brunner）提出的，以理想化的方式（idealtypisch）描述了前现代时期生活和经济的统一的特点。这个理论将"整体家族"作为现代家庭的对立面，将社会、法律、政治和经济集于一身。换句话说，家族内的成员在其中共同获得他们的生活保障。家族是"供给场所"，是经济生活的基础，无论是以土地这种物质形式还是以法律、手工业或职务的形式。这既适用于贵族庄园，也适用于农村农庄、城市手工艺和新教牧师家庭。家族是一个等级化的人员和统治集团，上面是男主人和女主人，下面是孩子、仆人和参与经营活动的学徒、商人助手等。这个群体最初的定义不是基于出身，而是基于共同的经济行为和一家之主的统治。加入更高级别的社会团体（乡村、城市和贵族集团等）的不能是家族内的某个成员，而应是家族集团整体；具体执行者则是家族的主人（或者其遗孀）。

"整体家族"的家庭经济核心是夫妇俩。一般来说，婚姻是建立或接管某个家庭的先决条件；反过来，拥有"供应场所"一般又是婚姻的前提条件。婚姻作为社会和经济秩序（对于贵族来说还包括政治秩序）的核心，不能按照个人意志缔结，因为有太多因素依附于此：阶级界限的维护、财产的让渡、为后代保护经济资源等。这并不意味着个人喜好在婚姻中完全不起作用，但是如果有冲突，那么个人倾向就不得不向经济和（贵族阶层的）政治利益低头。

共同的经济体和与之对应的生活方式在很大程度上影响着家族内部、男人和女人、父母和子女、统治者和仆人、老人和年轻人的社会关系。这在农民家庭这种典型的"整体家族"中表现得尤为明显：男主人和女主人之间存在着互补关系，组成了一对"工作伙伴"。婚姻的目的和意义是繁育后代。只有在这一框架下，夫妻间的爱恋才有一席之地。性别分工遵循着相对灵活的规则，一般来说，女性负责家庭内部的工作，男性负责家庭以外的工

150

作。但不管怎样，双方共同协作获得生活必需品。父母与子女之间的关系也是由经济需求决定的：孩子们在与成年人打交道的过程中学会承担日后的职责和工作，并通过从旁协助获得必要的培训。对残疾人、病人、孤儿和老人的照顾在原则上也属于家族的职责。

"整体家族"作为所有基本社会功能的缩影（注意这是一种理想化的简化，不能错误理解成浪漫的田园生活），在近代早期开始逐渐失去其功能。学校对于儿童教育越来越重要，因为各种活动所需的知识变得更加复杂，日常写作变得更加不可或缺。照顾病人、孤儿和残疾人的任务越来越多地由教会、城市和国家机构承担。最重要的是：随着商业一体化的推进，各种商品的生产转移到了专业化的制造部门，也就是说，人们所需要的东西越来越少是在家庭中生产。

与此同时，之前提到的社会结构变化导致越来越多的人生活在"整体家族"之外。对于这些人来说，家庭不再是供给的基础。于是，在社会谱系的一端是自由打工者，他们不再受家族主人的支配，而另一端则是政府公务人员。在这些群体中，工作生活和家庭生活之间的分隔越来越大。

在启蒙时代，对于拥有资产和受过良好教育

的、占据话语主导权的市民阶层，工作与家庭生活、职业和私人生活的分离尤其取得了进步。这也影响着丈夫和妻子之间的关系，丈夫在家庭外谋生，并获得固定薪酬或短期结算的劳动报酬，而妻子不再直接参与谋生事业，而是负责家庭和消费。简而言之，女性就这样被排除在职场之外，因为工作已经变得专业化，需要接受特定培训，并恪守严格的准入规则。

然而，我们不应该用过于现代的视角来看待家庭和工作的分离。与今天相比，即使在市民阶层，住所和工作场所在很大程度上仍然紧密相连，家庭成员会参与一家之主的工作，反之，其帮手也参与家庭生活。牧师的妻子会帮助丈夫承担许多职务；教授的妻子会招待学生，他们会跟着教授来到家里；药剂师和医生在自己的家中工作，并得到家人的协助。资产阶级家庭中的女性要做的工作比今天要多得多：她要管理仆人并对其生活作风负责，给孩子们上基础课程，管理仓库，还和仆人一起置备家庭日常必需品。

然而，在受过教育的"中产阶级"中，私人和职业领域正在互相分离的趋势已经十分明显。从房屋的格局就可以明显看出：一边是私人空间，一边是办公室和办事处，两边互相隔离；雇员和用人在

152

图 12 《婚姻之爱——两个受到父母表扬的孩子》，版画，丹尼尔·
霍多维茨基，1774 年

空间上（和社交上）与实际的家庭成员分离。由父
母和孩子组成的核心家庭更多地与外界相隔，他们
的互动变得更加亲密，并且越来越多地在单独的空
间进行。

　　生活环境的外部变化与规范的变迁相适应。工
作和职业越发被视作"生活的敌人"，充满了市场
和竞争所带来的残酷规则，而家庭的亲密世界——
妻子和孩子——成为情感的避难所和栖居地。两性
之间的关系以及父母和子女的关系得到了特别的对
待，被赋予更多的情感；家庭生活成为一种新的感
情文化的寄托场所，在这一点上中产阶级和宫廷贵
族以及"下层民众"形成了鲜明对比。

两性关系

　　婚姻仍然是最理想的生活方式，对女性来说，
这主要意味着在社会声望和某些社会地位方面获得
相当大的提升。在中产阶层，妻子的身份（以及合
法子女身份）和其他所有阶层一样，都是根据丈夫
的身份而定：牧师的妻子就是牧师夫人，教授的
妻子就是教授夫人，行政官的妻子就是行政官夫
人，等等。即使在地位不对等的婚姻中，妻子和婚
生子女的地位基本上也沿袭丈夫的地位（只有上层
贵族必须接受继承规则中对他们不利的规定）。对

女孩的教育和训练目标完全就是使其成为合格的妻子和母亲。女性不结婚是会被社会贬低的，在这一点上，新教国家比天主教国家更甚，虽然从传统上看，修女保持独身状态被视作信仰虔诚的表现，但是到了 18 世纪这种做法却越来越受到轻视。对于市民阶层，婚姻也和牢固的经济生活基础相关联，因为丈夫通过从商或从政获得收入。因此一般情况下，男性平均到 25~30 岁才结婚。和其他阶层一样，市民阶层的父母对于女儿择偶施加主要影响，并控制着可能的选择圈。不过，由于这一阶层的生计和其他阶层相比更多地依靠男性的个人能力和成就，而不是财产继承，父母在作选择时，经济要素往往会让步于个人喜好。当遗产对于经济状况不再起决定性作用时，父母的意愿也就丧失了影响力。当男性择偶时不再强调另一半作为工作伙伴的功能，工作能力以外的其他个人特质的重要性也就越发凸显。这些都导致夫妻关系中个人喜好开始扮演越来越重要的角色。女性在生计和家庭中的经济重要性下降，而对男性的情感重要性上升。

在 18 世纪，夫妻之间的爱情呈现了一种全新的价值，而且尤其依照文学中的榜样以一种新的方式被培育出来。过去，夫妻情感的目的是养育孩子，这种关系逐渐被扭转，婚姻开始为爱情服务。

Heyrath durch Zuneigung
Mariage par Inclination

图 13 《因爱成婚》, 版画, 丹尼尔·霍多维茨基, 1788 年

传统上，夫妻之间产生爱情是在婚姻过程中的理想
结果，现在反过来，爱情成为幸福婚姻的前提。这
里指的不是情爱把戏或伟大的浪漫激情，而是一种
与理性和美德相关联的感情。

　　爱情成为婚姻的意义，这在其他阶层中并不是
自然而然的事情。被市民阶层视作反面教材的宫廷
贵族们对婚姻和爱情的看法正好相反：婚姻是在政
治和经济算计基础上无须考虑双方喜好就可缔结的
关系，甚至双方都无须认识彼此。因此，对于夫妻
双方的情感不会提出更高的要求。他们常常分开居
住，各行其是，并投身于婚外"勇敢的激情"。尽
管在宫廷贵族中，女孩的处女身份是找到好归宿的
前提，不过已婚妇女享有与男子几乎相同的自由。
各种情感的纠缠为闲散的宫廷社会带来社交娱乐游
戏。新的"中产阶级"以极高的道德感对这种性自
由主义嗤之以鼻。婚前禁欲和相互忠诚是市民阶级
美德的重要组成部分。与其他阶层相比，性行为往
往面临更多禁忌。在传统农村社会，如果有了婚姻
承诺（当然也可能解除），那么对于婚前性行为的
态度较为温和；而在市民阶层，贞洁则具备重要价
值。与之相对应的是女性形象的变迁：在过去几百
年里，人们认为女性对性行为不知满足并且对男性
构成威胁，而现在则对其性欲避而不谈，并认为贞

操属于女性的天性。

　　女性角色更多地通过其对男人的功能而不是在家中的经济地位而定，这一点对于女性教育不无影响。就算是在市民阶层，成为家庭主妇的训练也仍然排在首位，关于房屋整洁和个人卫生的标准甚至更高，但除此之外，女性还要成为与受教育的市民丈夫相匹配的伴侣，不仅要满足其身体上的，还要满足其精神和灵魂上的需求。这需要"心脏和头脑"都具备一定的教育水平：需要读书、演奏音乐、绘画，要能以令人愉悦的方式讨论哲学和文学话题——而且是用法语。一位有教养的市民妻子被期待拥有上述这些才能，为此她必须接受教育。因此，启蒙者的一大目标就是改善女童教育机构，然而，这个目标很难实现。市民的女儿通常都是从她们的母亲、保姆或家庭教师那里接受私人教育，或者在天主教地区上传统的耶稣会学校，只能接受有限的阅读、写作和算术教育，主要学习的还是宗教知识。

　　前一章所述的新式媒体和传播形式没有将受过教育的女性完全排除在外。这些女性学习贵族妇女开办沙龙，去剧院看戏或参加阅读社团。她们积极地参与到书写文化中，不光是作为读者，其中一些也作为作者。可是，她们大部分不敢或者至少不会用自己的名字发表著作，如果不得不这么做，就需要为此进行自我辩护。苏菲·冯·拉罗什（Sophie von La Roche）、凯瑟琳·麦考利（Catharine Macaulay）和安娜·露易丝·卡辛（Anna Louise Karschin）均是当时著名的女作家。正是因为18世纪的公众并不是学识渊博的专业读者，女性才获得积极参与的机会。然而，在需要专业化和制度化的地方，教育等活动基本就对女性关闭了。高深的学术研究一般不欢迎女性。虽然有个别著名的"博学女性"的例子，其中大多是自学成才，例如像达西埃夫人（Mme Dacier）和伊丽莎白·卡特（Elizabeth Carter）这样精通古代语言、翻译古典作品的女性，像玛丽·沃特利·蒙塔古夫人（Mary Wortley Montagu）和夏特莱侯爵夫人（Marquise du Châtelet）这样自己从事广泛的科学研究并且和著名学者保持来往的女性，甚至还有像多罗特娅·埃尔克斯雷本（Dorothea Erxleben）以及多罗特娅·施略策（Dorothea Schlözer）这样获得特别许可进入大学和科学院学习并获得学位的女性。但是这样的博学被普遍认为是非女性的，且受到严重质疑，被认为脱离了女性的天然职责。女性教育应当优雅、轻松、愉快，不要严肃、彻底和费力。

当时的人们更多是把女性的优点归结为能够为人类的通识教育作出贡献：她们不会被职位和职业

转移对重要事务的注意力，不会脱离自然的人性。女性作为未受污染的"自然生物"，被贴上了爱、同情与合群的标签，她们被认为对男性乃至整个社会具有净化效果。这种正面的女性形象的哲学基础之一是对"自然"人类情感的褒扬，代表人物是约翰·洛克的学生，英国贵族沙龙哲学家第三代沙夫茨伯里伯爵安东尼·阿什利·库珀。沙夫茨伯里伯爵认为人类具有天生的"道德感（moral sense）"，那是一种理性和情感和谐融合的对于美好事物的感知能力，一种对美德的自然靠近。沙夫茨伯里的理论在 18 世纪拥有十分肥沃的生长土壤，因为它在哲学上支持了感官培养和人性本善的观点。在这一维度上，女性比男性看起来更少受到污染、更加自然，因此成为善良"感性"的典范。特别是在该世纪下半叶，这种情感崇拜反映在各种文学和视觉艺术中，而文学角色反过来又影响了现实中的行为。人们不以温暖并充满人文情怀的感觉为耻。可能在任何其他世纪里，男人和女人们都不曾这么毫无顾忌地挥洒过眼泪——无论是同情、感动、欢乐还是悲伤——或者至少从未这么乐此不疲地说起"眼泪"一词。

"道德情感"和对女性的高度尊重并不是不言自明的。根据基督教教义，人们更多是受到原罪的

159

诅咒，而女人被认为是男人的危险诱惑者。受到亚里士多德的影响，经院哲学关于性别关系有一种经典理论，认为女人是有缺陷的动物，她们天生就缺乏体力和理解力。然而，两性身体上的差异被视为一种程度上的差别而非原则性的差别：女性是不完整、劣等的、更差的男性变体。

到了 17、18 世纪，随着传统的经院哲学失势，这一观点也引起了根本性的争论。"querelle des femmes"，即关于女性本质的争论，早在文艺复兴时期就开始了，当时的观点没有持续很久，到了 19 世纪人们就改观了。最激进的立场与法国理性主义有关，认为身体和心灵从根本上就是不同的，两者之间不可能相互影响（参见第七章）。由此得出的结论是，人类的理性不会受到性别等身体条件的影响。理性没有性别，信奉笛卡儿哲学的普兰·德·拉巴尔（François Poullain de la Barre）断言道。男女之间之所以在运用理性方面存在差异，女性之所以无法胜任公职和需要专门训练的职业，不是因为天性不同，而是因为生活条件和教育环境使妇女不成熟。因此，个别理性主义者要求男孩和女孩接受平等教育，这样一来这些差异将逐渐消失。当时，这种激进的立场是一种骇人听闻的挑衅，不可能付诸实施；因此，也没有人会思考这对社会秩序而言意味着什么。但至少在 17 世纪，这种要求姑且是可以想象的，因为要扫除一切偏见的批判热潮也席卷了理性主义者眼中最为古老、最难以撼动的偏见，即对女性天然劣势的坚信。

英格兰和苏格兰的经验主义者从另一种哲学方法出发，也认为性别角色不是天生的，而是受到文化的影响。人们怀着极大的兴趣去了解其他时代和异域文化的人们的生活方式和习俗，并将它们相互比较，从而发现两性关系存在巨大的差异和多样性。因此，自身所处的时代、文化和阶层的性别角色被相对化，成为特定历史环境的产物。

这种历史发展过程中的特定阶段对于女性整体而言究竟有利还是不利，在 18 世纪没有一致的看法。虽然大多数同时代人称赞自己的文化是"女性的天堂"，但一些怀疑论者质疑女性的情况是否真的令人羡慕。例如，著名的英文作品《女性的历史》一书中提到，在较早的历史时期和下层阶级，女性虽然必须更加努力工作并往往受到轻视，但实际上处境和男性更为接近。文明的进步为她们减负并给予她们更高评价，但同时限制了女性的行动范围并增加了两性之间的差异。

事实上，到了 18 世纪晚期，人类理性的性别中立说以及文化影响性别分工等理性主义概念又遭

161

162

到了排挤，性别的两极化和生物化重新占了上风。男性和女性身体的差异越来越多地被强调，并被形容为"互补的"。女性尽管不再一定逊色于男性，但至少与男性存在本质的不同。从身体差异出发，"自然而然"也得出很多其他方面的差异：女人表现为被动、接纳、关怀、顺从、富有想象力的，男人则是积极、有创造力、发号施令、天生理性的；而且基于各自的身体机能和生物特性，一方为接受者，一方为产出者。

在 18 世纪为新的理想女性形象带来深远影响，同时在女性中间也获得热烈欢迎的最具影响力的作家要数让 - 雅克·卢梭。在他的小说《新爱洛伊斯》和《爱弥儿或论教育》中，他不认为女性对那个时代（尤其是贵族阶层）的衰败负有很大责任，而是认为女性作为男性的恋人，拥有虽然受限但是更高的道德地位。他将市民婚姻中的性别不平等和角色分工提升为自然的产物，现代文化因为远离这种自然性而蒙受损失。在卢梭的教育乌托邦中，男性，或者就是"人"，应该被塑造成自主、自食其力、不依赖于社会的个体，而与之截然相反的、对女性的教育应当以男性的需要以及在社会上的名誉为目标；因此女性基本上被剥夺了独立的个人发展权利。与此同时，卢梭将婚姻和家庭生活视作美德和爱的天然场所，是面对腐败社会的避风港，也是女性间接控制男人和儿童的地方。

儿童教育

就像男女之间的关系一样，在 18 世纪，父母与子女之间的关系更加"亲密化"并得到重新评估。儿童的抚养、教育和培训受到了前所未有的关注。这与启蒙运动相对应：孩子的教育是人类历史整体进程的先决条件，是完成整个人类走向圆满的个体步骤。此外，加强儿童教育之所以受到如此高的重视，也是因为要成为新的中产阶层精英就必须接受职业和人文教育。

这里要和"下层阶级"及贵族区分开来。下层阶级的妇女在日常工作之余几乎不能花费太多的时间和精力来抚养孩子。她们通过各种可能的手段来使婴儿和孩童安静，更大的孩子需要参与工作。这样导致了本因医疗卫生原因就居高不下的婴儿死亡率进一步升高：充其量两个孩子中只有一个能活到 10 岁。与此同时，高婴儿死亡率反过来又抵消了对个别孩子的情感依恋。正如一些历史学家所述，母爱毕竟是经过启蒙的市民阶级的发明，因此在这种情况下的母爱肯定是不同的，例如为人母者对及时洗礼格外重视，以及在宗教宿命论中寻求安慰。

164

即使生活在宫廷贵族世界，女性与孩子的关系也相当遥远。母亲不会自己照顾孩子，而是交给奶妈，然后是仆人，最后是宫廷教师，或者尽早将他们送到其他宫廷。在法国，将孩子交给奶妈抚养的习俗甚至延伸到市民阶层。此外，在很多方面，儿童世界和成人世界没有明确的界限。例如，儿童穿戴与成人相同的衣服和假发，或者成人在孩童面前不会谨慎地隐藏他们的性生活。

上述的这些做法受到了启蒙者教育方针的批判，主要以卢梭为代表，他的《爱弥儿》正好契合了时代精神，在整个欧洲引发了一场现代教育运动。直到这时才建立起一种明确的儿童教育学说，即"教育学"，要求不仅仅教导实践经验，还要宣扬哲学见解。教育改革家如约阿希姆·海因里希·坎普（Joachim Heinrich Campe）和约翰·海因里希·裴斯泰洛齐（Johann Heinrich Pestalozzi）呼吁母亲对婴儿进行养育，并成功推广了母乳喂养，反对将婴儿放在固定的尿布内让其安静，以及提倡保持身体卫生。他们提倡儿童"以自然的方式"成长，呼吸新鲜的空气，拥有足够的运动空间，养成锻炼身体的习惯，穿上适合儿童的服装，以及要读书和活动。懒散是不被允许的，孩童的游戏虽然对特定的职业没有裨益，但是对于习得

图 14　《勤劳的家庭妇女和受到良好教育的忙碌的孩子们》，版画，
丹尼尔·霍多维茨基，1774 年

165 一般的理念和能力，例如社会责任感和遵循规则
的生活方式，是有帮助的。父母应该是孩子天然
的教育者。教育因而是在核心家庭的"保护空间
（Schonraum）"①里进行的，保护孩子不受外部，
即不受下层阶级的仆人或者街道上的孩童影响。

　　传统教育的出发点是人类根本上的堕落和原
罪，因此必须对缺乏理性的孩童严加管教，以便压
166 制恶的一面。对于这种在 18 世纪仍然盛行的观点，
启蒙运动的教育学家坚持认为，孩童的天性是善良
的，人们只有通过好的榜样来加以引导，间接地、
潜移默化地影响他们，才能确保他们把好的一面发
挥出来。此外，人们还呼吁不要仅仅把孩子培养成
对社会有用的公民，还要使他们成为独立思考和
行动的"人"，从而满足一个超越阶级的新世界的
要求。

　　上述这些用卢梭的话概括就是"回归自然"，
尽管当时很多人都已经意识到，在诸多方面必须有
人的介入才能使自然往所希望的方向发展。当时
教育学家认为理所当然的事物，有很多在今天看来
都不是那么一回事，而这恰恰反映了每种自然概念

---

　　①　指在儿童早期教育中，为其提供一个相对安全和封闭的环
　　　　境，使其能在学习和试错的同时免于直接地、过早地面对
　　　　真实生活的挑战。——编者注

都有其历史局限性。例如，儿童的性行为，尤其是手淫成为绝对禁忌；个人卫生标准变得更加严格；餐桌的礼仪变得更加精细……这些只是一些例子。是否能将所有这些都看作进步的"文明进程"，是存在争议的。按照社会学家诺贝特·埃利亚斯（Norbert Elias）的说法，这种"文明进程"的特点是在不断"提高羞耻的阈值"。某些领域自由度更大，某些领域则掣肘更多。启蒙运动的教育理念（不能与教育实践等同起来）最主要、最新颖之处在于，他们关注的是规范的内化。启蒙者所追求的受到外部限制的个人自由，对于个体能够自我控制和把握是一个不可或缺的前提条件，内心的良知代替了外在的惩罚（无论是荆条、监狱还是永恒诅咒）。也就是说：应该让孩子自愿做并且喜欢做他们应该做的事情。使人类成熟的伟大启蒙计划，要求每一个个体自己去掌控理性。

167

第七章　理性的百年
—— 哲学和科学的问题、方法及组织形式

信仰和知识

重要发现和发明

1689	帕潘离心泵
1709	迈森出现欧洲第一家瓷器制造厂
1710	纽科门蒸汽机
1715	华氏水银温度计
1730	杰思罗·塔尔发明条播机
1734~1743	白令的北极探险：发现阿拉斯加
1735	拉孔达明赤道探险
	在达比的高炉首次使用焦炭炼铁（英格兰）
1736	莫佩尔蒂极地探险
1742	摄氏温度计
1745	彼得·凡·穆森布罗克和艾瓦德·克拉斯特发明莱顿瓶
1748	发现庞贝城遗址
1749	富兰克林发明避雷针

1758	瓦特纺纱机
	哈雷彗星证明了牛顿的理论
1764	哈格里夫斯"珍妮纺织机"
1765	瓦特的第一台蒸汽机
1766	布干维尔的太平洋之旅
	卡文迪什发现了氢气和二氧化碳
1767	阿克莱特纺纱机
1768~1771	詹姆斯·库克首次环游世界：发现澳大利亚
1772~1775	库克的第二次世界之旅
1774	普里斯特利发现了氧气
1776	拉瓦锡提出燃烧理论
1776~1780	库克的第三次世界之旅：发现夏威夷
1779	康普顿纺纱机
1780	伽伐研究电神经冲动
1781	赫歇尔发现天王星
1783	孟高飞兄弟的首次热气球飞行
1784	瓦特改良蒸汽机
1785	卡特赖特发明动力织机
1787	拉瓦锡发明了一种新的化学命名法

169

1787~1804	亚历山大·冯·洪堡的南美和中美之行
1791	巴伯发明燃气轮机
1792	詹纳发明天花疫苗接种
1799	拉普拉斯《天体力学》

如果说18世纪的人们声称自己生活在理性时代，那么我们也可以看到他们对于过去年代带有挑衅性的自信，但是从今天的视角看，我们不能得出过去时代的人是"不理性"的这样的结论。应当说，他们对于理性和信仰的理解是不同的，他们对理性行为的标准对应着不同的生活环境。在某些方面，中世纪盛期的哲学与启蒙哲学相比甚至更加贴合人性化的思想，因为前者认为世界的本质及其实体本质上是可被认识的——当然前提是上帝是世界的秩序，从而确保世界是可知的。启蒙哲学却没有那么自信。它更多面对的是传统秩序观念的丧失，并面临着如何为人类知识建立新的基础这一问题。不能将这种转换过程理解为获得更多理性的持续性进步，而是要理解为一种深层次的变革，这不仅涉及知识的内容和方法，同时也涉及整个社会获取知识的组织体系。

18世纪的思想建立在两个基本经验事实上。

一方面，宗派分裂和内战的时代已经不可挽回地破坏了任何教会的专制企图。宗教的多样性导致普遍确定性的基础不再存在。重要的是将知识置于一个"世俗"的基础之上，从而不必受到有争议的宗教真理问题的影响。

另一方面，自文艺复兴以来，人们的知识面获得了极大的拓展，他们原本习以为常的事物也受到了深层次的挑战。新世界被发现，新发明带来了艺术和手工业的革命，自然在前所未有的限度上被人类所利用。这些成绩要归功于哲学思想与数学和工艺制造，也就是传统上受到轻视的"机械艺术"的结合。这两大领域在原有的知识和行为组织方式中是完全隔绝开的，而且由不同的社会群体主导。通过知识经验、数学和手工业的全新联合，人们对物质自然的观念发生了根本性的变化。这些在过去被视为较低水平的存在，是不可获取的特定知识。只有受到了上帝的启示，才可能获得完全的知识。根本上的变化即在于，人类通过最为确定的知识方法，即数学，将世俗的、感性的、物质的自然，以完美的、有秩序的方式呈现出来。

上述情况及其所带来的技术成就奠定了人类对自身知识能力的新的自信。信仰和理性的排位颠倒了（参见第四章）。自然的真理和信仰的真理、"自

171

然之书"和《圣经》开始平起平坐，人类的认知从信仰中解放出来。几百年来保存在神圣权威经典中的封闭的知识秩序现在成了一个开放的、可以探索的无限宇宙。

但是，一些新问题开始出现。人类知识现在可以建立在怎样的确定基础之上？人类认知能力究竟如何发挥作用？它和外在自然存在怎样的关系？心灵如何与身体共处？一个人如果不再相信上帝赐予的统一的存在和职责，那么应如何重建道德和政治规范呢？当绝对安全、终极和全面的知识变得不可能时，还能剩下什么？

新的哲学观念

18 世纪所面临的问题在上一个世纪就已经被提出。法国数学家和哲学家笛卡儿是耶稣会学院的学生，在传统的大学教育中成长起来，却把斧头劈向了整个传统知识体制。他在 1637 年著名的《方法论》中系统性地对方法提出怀疑。根据数学模型，每个知识对象都能够被简化为几个基本组成部分。基于一切人类天生具备的明确和清晰的思想，借助毫无偏见的、不带任何前提条件的、严谨的方法推导，实现从简单到复杂的推进，就有可能建立一个明确的知识新宇宙。笛卡儿也还相信人类之所以能够认识自然的秩序，是因为他们通过天生的理性共享了上帝的智慧。

笛卡儿革命性的方法论基于思想和物质的严格分离。物理学的研究对象基于数学分析，即一切不能被拆成简单元素的、不可量化的东西，也就是所有的物质特性、最终原因、神秘力量和超自然影响，都被排除在外。应该单从最小颗粒的形状、大小、排列和运动就能完全推断出整个物理世界。与此同时，新方法也重新定义了对象：宇宙是被"机械化"了，也就是说，它被视作一台组合式机器，根据一次运动得出的固定规则运转。这种理性主义的机械世界观使 17 世纪的科学思想发生了革命性变化；"普遍"的方法被应用到所有知识领域。在医学和生理学领域，人体和动物体被视作机器，即一种运动着的物质；在政治学领域，霍布斯将国家描述为一台机器，并分析背后的基本运动规律。

但与此同时，它也消除了上帝对世界的影响（参见第四章）。理智本身，或者说神赐予人类用以认识物质世界的理性（ratio），完全与这个世界无关，并且与之形成了根本上的对立。在 18 世纪，这种严格的理性主义逐渐沦为由它自己锻造的方法论武器的牺牲品。研究思想和物质关系的二元论成为哲学思考的课题，从而构建了整个解决方案谱系。

二元论可以向两个极端发展：一端是极端理性主义方向，另一端是纯粹物质主义方向（P. Kondylis）。在前一种情况下，人类作为一种纯粹理性存在和物质自然的统治者出现；在后一种情况下，人类自身就是自然物质，精神和灵魂只是扮演了移动物质的角色。在这两种极端中间有各种各样的立场，它们试图重新定义精神和物质世界、人的身心之间的关系。

虽然笛卡儿体系在18世纪逐渐失势，但他所提出的核心问题在整个世纪都占主导地位。针对法国理性主义最重要和最具影响力的对立思想产生于1700年前后的英国，通过伏尔泰等人的推介，成功在18世纪征服了欧洲大陆，艾萨克·牛顿的物理学和约翰·洛克认知理论为沙夫茨伯里伯爵的道德和美学提供了支持。

牛顿（1643~1727）在18世纪整个欧洲享受着极高声誉。同时代人称他们的世纪为"牛顿时代"。伦敦皇家学会会长、数学家、物理学家和天文学家等诸多头衔，对当时的人来说预示着牛顿将成为"自然之书"的解密人。他的物理学打上了实验和数学学科相结合的烙印。当时，牛顿经典力学的魅力之处在于，它能用少量的、简单的规律来捕捉看似不相干的各种自然现象：天体的运动和钟摆的往复有共通之处，潮汐与地球的形状密切相关。牛顿物理学通过令人印象深刻的方式，向人们证明了这个世界确实是按照统一的、人类可认知的规律建造的。

> 自然与自然之法藏于黑夜之中——
> 上帝说：要有牛顿，于是有了光明

这是英国诗人亚历山大·蒲柏（Alexander Pope）在其热情洋溢的叙事诗《人论》（*Essay on Man*）中的诗句。在整个 18 世纪，牛顿的名气与日俱增，因为有越来越多的实验、测量和观察，从两极的扁平化到哈雷彗星的准时抵达，印证了他的理论。牛顿的分析方法成为一种流派，它从现象本身出发，经由"数学指南针"和"经验火炬"（伏尔泰）从而抵达基本原则，即从特殊到一般，对从最简单、最一般的理论推理到各种外在现象的演绎法带来冲击。但更重要的是：他的引力模型长期被用来解释化学、生理、心理、社会和政治关系。

　　18 世纪的思想对牛顿的天体力学也如此着迷，因为后者无视了思想和物质的理性分离。神秘的引力（attraction）避开了这种对立，但仍然可以用数学方法计算出来。牛顿明确地拒绝通过推测

图 15 《艾萨克·牛顿》，油画，戈弗雷·克奈勒
（Godfrey Kneller），1702 年

性的假设来解释引力的"本质"。令人印象深刻的是，他指出根本不需要形而上学的推测就能建立一个功能正常的、能够准确预测的且实验可验证的世界模型。

同时，他的世界模型开辟了一条调和科学和宗教世界观的道路。万有引力可以被理解为上帝在世界上的持续作用。宗教精神和物质世界不再以对立的方式出现，在整个自然界中都可以观察和赞叹上帝的力量。上帝不再只是一位对他的机器运转毫不关心的遥不可及的规律制定者，而是作为无所不在的"自然之魂"存在（蒲柏）。这种上帝和世界、精神和物质的再度亲近，甚至自然本身也被上帝化的趋势，在18世纪以多种方式呈现出来；它成就了启蒙思想中的"自然"和"理性"统一。

和牛顿物理学类似，约翰·洛克的认知理论在笛卡儿理性主义之外提供了另一种可能性，成为整个18世纪思想家们通过各种方式致力研究的对象。由洛克在该世纪树立的认识论标准一直影响到18世纪末，直到康德凭借《纯粹理性批判》（1781年）再度引领哲学思想革命。他在书中描述的根本认识是"理性所能洞察者，仅限于理性按其自身之计划所产生之事物"，也就是说，人的认识不是客

图 16　康德《纯粹理性批判》第一版封面，1781 年

观地反映事物，恰恰相反，事物首先是认识的产物——即使并非完全随意（willkürlich）。

洛克的《人类理解论》（1690年）是现代经验主义的奠基之作，书中的主要观点是人类的认知能力要通过自身来解释，也要立足于自身。洛克教导说，人类的认知不是基于上帝植入的思想，而是基于感官印象获得的。根据洛克的观点，人类的思想最初是一块白板（tabula rasa）。所有的知识都可以追溯到两个源头：感觉（sensation）和理性对自身的反映（reflection），并且由趋于复杂的感官印象联系所构成。真相似乎就是这些联系的整体性和连贯性。如果所有的认知最终都归结于感官，那就意味着所有人都无法获得超感官的知识。由此明显得出理性的局限性。与此同时，洛克提出了身心的对立：人类的认知能力和其他人类能力一样，都是基于其身体—感性的自然特征之上。

洛克提出的问题与传统逻辑学存在本质的不同。传统逻辑学建立了正确逻辑推理的规则体系，而洛克主要关注的是理性推理的基础究竟是什么。人类认知本身已经成为哲学思想的核心（也是有争议的讨论）主题。同样地，在艺术理论和道德领域，关于美好和善良等普适性规则的问题越来越少，更多的问题是关于人如何感知和评判美与

179

美德。

我们前面提到的沙夫茨伯里伯爵（见第六章）就是一个突出的例子。和牛顿、洛克类似，他关于艺术与心灵道德的著作与同时代人的存在很大的不同，主要对该世纪下半叶的思想产生了很大影响。他将热情的自然崇拜与极其乐观的人类观相结合，并认为，人类对"美"的感知能力（taste）和对"好"的感知能力（moral sense）是天生的，同时也是认知能力的基础。在传统学院哲学（Schulphilosophie）中，理性和激情被视作对立的两面，现在则可能将两者和谐地结合起来。沙夫茨伯里所主张的人类对社交的天然倾向和对美好事物的追求，可以战胜相互冲突的有害情绪。

理性主义的争论以及对人类身体与感知天性的正面评价影响着 18 世纪的思想界，并使得"自然"在该世纪下半叶成为流行语：什么是自然，以及自然应该是什么。这个概念的含义很模糊，用途广泛，似乎能够调和所有对立面。这个术语包含的对立面越多，就会变得越模糊和不确定，最后它可以包含一切：人与环境、存在与应在、美德与理性、感觉与知性。无论是相信人类能不断获得完善的乐观主义者，还是认为当前的文明化是衰落之象征的文化悲观主义者（以卢梭为代表），都将自然看作进步或倒退的标准。与基督教将"堕落"以来的人类本质视作根本上的腐败相反，人类的自然状态既是起源也是目标。在整个 18 世纪人们都在追本溯源，因为人们认为从起源可以认识到事物最纯洁的"自然"状态：语言的本质、女人的本质、家庭的本质、国家的本质、人类需求和情感的本质，等等。在很多人眼中，自然不再是需要打压的邪恶之物，而是需要自由发展的美好事物，例如重农主义者的自然经济周期，教育改革者的自然自我之爱，人类学家的自然而高贵的野蛮状态，文学理论家的自然天才，园林建筑师的自然景观，等等。在自然这个概念背后可以蕴藏一切与过去文化所提倡的价值观和规范相对立的要求。

知识的大众化

181

科学团体和学院的创建

1662	伦敦	伦敦皇家自然科学促进学会
1666	巴黎	皇家科学院
1700	柏林	皇家科学院
1714	博洛尼亚	科学院研究所

1724	圣彼得堡	帝国科学院
1728	乌普萨拉	乌普萨拉科学院
1739	斯德哥尔摩	瑞典皇家科学院
1742	哥本哈根	丹麦皇家科学院
1744	柏林	普鲁士科学与人文学院
1747	奥尔米茨	匿名学者学会
1752	哥廷根	皇家科学协会
	哈勒姆	荷兰科学学会
1754	埃尔福特	公益科学学会
1759	慕尼黑	巴伐利亚科学院
	锡耶纳	锡耶纳皇家科学院
1763	曼海姆	特奥多尔选帝侯科学与人文学院
1767	特隆赫姆	挪威皇家科学院
1768	莱比锡	雅布隆诺夫斯基科学学会
	费城	美国哲学学会
1770	巴塞罗那	皇家自然科学与艺术学院
1772	布鲁塞尔	帝国皇家科学和人文学会
1777	乌特勒支	乌特勒支社会和艺术学会

1778	巴达维亚 （雅加达）	巴达维亚社会和艺术 学会	182
	那不勒斯	皇家科学和人文学会	
1780	波士顿	美国艺术与科学院	
1783	爱丁堡	爱丁堡皇家学会	
	里斯本	里斯本皇家科学学会	
1785	都柏林	爱尔兰皇家学会	
	布拉格	波希米亚科学协会	

来源: James E. McClellan: Science Reorganized. Scientific Societies in Eighteenth Century. New York: Columbia University Press, 1985. P. 261-280.

　　上文提到了三位英国思想家牛顿、洛克、沙夫茨伯里，作为 18 世纪自然科学和哲学的代表人物，其中只有牛顿一位是传统大学制度出身，他是剑桥大学的数学教授。洛克则与大学撇清关系，曾为其赞助人，第一代沙夫茨伯里伯爵（英格兰大法官，著名的同名哲学家的祖父）担任秘书、家庭医生和家庭教师。第三代沙夫茨伯里伯爵则是一位业余从事哲学研究的上层贵族。18 世纪的许多伟大思想家都是如此，哪怕他们各自的社会状况千差万别。孟德斯鸠和布丰均为法国高级官员，不需要为钱而工作；霍尔巴赫和爱尔维修继承了巨额遗产，能够独立生活；伏尔泰的巨额财富来自其投机和经营行为；魁奈和拉·美特利是宫廷医生；加利亚尼和雷纳尔原本为神职人员，以自由写作为生。维柯（Vico）、吉本（Gibbon）、休谟、欧拉、拉格朗日（Lagrange）、罗米（Réaumur）、普里斯特利（Priestley）和拉瓦锡——他们没有一位是大学学者，而且不只研究一门学科。一位杰出的启蒙者，比如狄德罗，不仅写戏剧和小说，还研究认识论和美学、经济学和法学、生理学和物理学。

像狄德罗这样的人不再把自己视为学者，也还没自视为"科学家"（这个词直到19世纪才开始在德语中流行），而只是作为"哲学家"。苏格拉底是伟大的榜样，他不是学术上的教条主义者，而是一位"自我思考者"，在和他人的谈话中引导其进行自我思考。一种新的哲学概念建立在所有具体的知识领域之上，并要求具备不受任何限制的权力。这在德语中被称作"Weltweisheit"，即"世界中的智慧"和"为了世界的智慧"。这契合了对理性和知识的新理解：理性是全人类共同拥有的整体能力，只有出于恐惧或懒惰才会阻止使用它。知识不应该是少数人用来获取特权的财富，而应该对所有人开放，并且对所有人都有用。

旧式的博学多识被嘲笑为枯燥无味、不合时宜且不切实际，"经院哲学"也成了骂人的话。在经

历了中世纪盛期以来的大学发展以及文艺复兴时代
的改革后，不光传统知识体系，连社会知识机构也
陷入了危机。传统的大学院系遵循着神学在上、法
律和医学次之的学科等级。学者们主要致力于解释
和传授古典权威知识，比如古典时代后期的《查士
丁尼法典》中的古罗马法判例，希波克拉底和盖伦
的医学著作，亚里士多德的哲学著作等。新的自然
科学研究刚开始在这套学科体系中根本没有立足之
地，它无法和任何传统学科相适应。大学是传统的
教学之地，而不是研究之地，大学传授理论知识，
而不是实践知识，并且大学作为享有特权的职业阶
级组成的团体，深深地扎根于等级社会之中。

因此，贸易和航运、采矿和农业、战争科技和
管理领域所需要的经验研究就发生在大学之外，并
建立了自己的机构：科学院。这些科学院最初是小
型的私人研究圈子，在 17 世纪，特别是 18 世纪
发展成为分支广泛的、由政府资助的研究组织。典
型的例子是伦敦皇家学会（1662 年）和巴黎科学
院（1666 年），随后在几乎所有的欧洲都城都建立
了国家级的学会，地方上的学会也不断增加——政
府很快就清楚了这类机构的价值。所谓的科学院就
是由学识渊博的男性学者构成的组织，目的是研究
和传播科学知识，18 世纪的其他团体（见第五章）

均以其为蓝本。其核心成员通常由国家指定并定期聚会，此外还有一大批会员互相交流。科学院在自己的期刊上发表研究成果；通过定期的有奖竞答，他们向感兴趣的公众提出科学问题寻求答案。通过这种方式，他们考虑到了现代自然科学拓展所依据的新原则：一方面，他们将理论学习和实践技术知识结合起来；另一方面，他们促进了研究人员的交流，并将公众原则和相互批判提升为价值观。科学进步是建立在收集数据和检验理论的基础之上的；秘密知识和权威受到了批判。此外，他们还推动了超越国界、阶级和宗教的一般性研究；知识不应再受到某个阶级集团成员的保护。因此，公共传播成为新式研究的关键所在。

18世纪出现了过去难以想象的研究普及现象，远远超出科学院范畴，成为一种社会时尚。学者的通用语言从拉丁文转向法语，这一转变成为知识普及的征兆和要素。这种研究的开放性实际上反映了一个过渡阶段的存在，在这一阶段旧的知识体系受到抨击，而新的体系尚未建立。学科之间的界限尚未重新划分，沟通形式仍然松散而多变。因此，那些被排除在传统知识活动之外的人，例如女性，可以暂时参与讨论。新科学的普及也非常乐意面向她们。丰特奈尔在《关于宇宙多样性的对话》（1686

年）一书中向女性普及了笛卡儿理性主义；弗朗切斯科·阿伽洛蒂（Francesco Algarotti）则著述了《女性世界的牛顿主义》（1737 年）。当时甚至有人提出专门为女性创建科学院，但从未真正实现。自然科学和哲学在学院和大学之外也能接触到，它们出现在畅销文学中，主导了期刊和沙龙谈话。在受过教育的阶级中，到处都有业余爱好者，他们在闲暇时间都开始致力于研究：乡村牧师和贵族女性、廷臣和城市望族、医生和律师，等等。他们进行实验，为充实他们的展示柜而收集植物、化石或昆虫，发表论文，参加有奖竞赛，参加讲座并互相交流。各种无生命的、有生命的以及与人性有关的现象等待收集和整理，包括无止境地探索地球表面，盘点植物界和动物界，描述各个民族的习俗和法律。在 18 世纪，有无数受过良好教育的业余爱好者为此作出了贡献。

知识的普及还意味着研究的结果也要对那些没有参与研究的人开放，即对"普通民众"，特别是对"乡下人"开放。因为研究越是进步，受过教育的人所掌握的知识和普通百姓的日常知识之间的差距就越是扩大。人们雄心勃勃地设计广泛的民众启蒙计划，尤其是在上文提到的经济发展和爱国社会背景下，以消除"有害的偏见"和对创新的恐惧，并为科学成就切实服务于社会创造条件。然而，大多数受教育者都认为这种民众启蒙不应该过于广泛。应当保持"相对性"，以免让农民最终对自己的劳苦作业感到不满。人们围绕下层民众的道德和宗教偏见是否有用以及在政治层面是否必要展开了公开争论。柏林科学院在 1770 年甚至将其作为年度有奖问题提出。

收集并传播不断增长的知识、科技成果和哲学知识，从而促进各个生活领域的进步，这一伟大任务集中体现在一部世纪巨著中：伟大的《百科全书，或科学、艺术和工艺详解词典》。这部作品由德尼·狄德罗和让·勒朗·达朗贝尔于 1751 年开始编纂，直到约二十年后的 1772 年才以共 17 卷正编和 11 卷图编完结。最初，只是一个临时的出版商集团计划对钱伯斯的英文版《百科全书》（*Cyclopaedia*）进行法语翻译和编辑，结果变成了整个世纪最宏大、最成功但同时也最有争议的工作。伏尔泰、卢梭、魁奈、杜尔哥、霍尔巴赫、拉·美特利等均参与其中，更不用说主要作者——撰写了上千词条的若古爵士（Chevalier de Jaucourt）和狄德罗。《百科全书》包含超过 70000 个按照字母顺序排列的词条，不仅囊括科学内容，还包括艺术（arts）和商业（métiers）知识。这部作品还尤

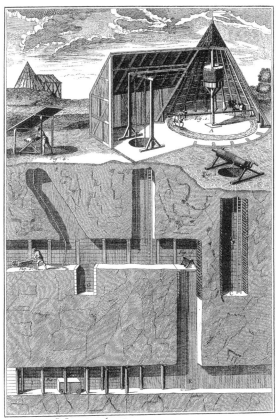

Minéralogie, Coupe d'une Mine

图 17 《百科全书》中的技术插图，1768 年

其致力于明确指出技术发明和科学知识的相互促进关系。因此，手工业和商业经历了前所未有的价值重估；这也是有史以来第一次对技术、工具和生产过程进行详细描述。同时，作品中也有关于宗教、政治、经济、道德的词条。这部著作可谓是对当时人类掌握的所有知识和能力的大盘点。编辑们清楚地意识到，未来的进步将让这本书很快过时，而这也是他们所希望的。

这部著作存在一些缺点：许多文章都是从其他作品拼凑而来的，有些内容彼此矛盾，政治和宗教批判只能藏匿其中，因为出版人勒·布雷顿（Le Breton）在最后未告知狄德罗的情况下就将他认为有失体统的内容完全删除了。尽管如此，这部著作仍然是启蒙运动的标志，不仅因为它的内容，而且因为它已经成功地战胜貌似不可逾越的障碍和强大的敌人。虽然自由派监察官马勒泽布（Malesherbes）非常支持这一项目，但他无法阻止国王的印刷特权在1759年遭到撤销。"哲学家"与来自耶稣会、詹森派、议会以及政府的执政保守精英之间的气氛越发紧张，他们指责百科全书派侮辱上帝和王室威严。然而，或许正因为如此，公众对这项工作的兴趣不可阻挡；狄德罗秘密地继续这一项目，当局最终也或多或少地容忍其公开出售，尽

管官方禁令仍然有效。出版商的销售业绩也在上
涨——启蒙运动带来了可观的生意。

科学变革

虽然知识的普及是百年启蒙的一大显著特征，
但是这并不意味着一切启蒙思想和现代研究都发生
在大学之外。大学本身也深受启蒙运动的影响。比
如在 18 世纪就建立了好几所著名的国立改革大学
（Reformuniversität），其影响一直持续。最著名
的有勃兰登堡—普鲁士境内的哈勒大学（建成于
1694 年），知名的早期启蒙学者克里斯蒂安·托马
修斯和颇具影响力的经院哲学家克里斯蒂安·沃尔
夫都曾在该大学执教。还有汉诺威选侯国的哥廷根
大学（建成于 1737 年），它在 18 世纪后半叶取代
哈勒大学成为德国最重要的启蒙大学。莫斯科大学
（建成于 1755 年）是沙皇俄国第一所大学，由著名
俄国百科学者米哈伊尔·罗蒙诺索夫（Michail W.
Lomonosov）一手建成。这些大学在一开始兴建
以及设置学科时就考虑了科学观念的变革。此外，
传统的大学也谨慎地、或多或少地开设了新的研究
专业。例如，莱顿大学早在 17 世纪就成为现代自
然研究和医学的中心，巴黎索邦神学院到了 1753
年才设立首个实验物理学教席。最开始一般将新的

学科置于传统的艺术和文学（artes liberales）门类下，传授基础知识和方法，其中，算术、几何和逻辑学是雷打不动的必学内容。

古老大学中的这三大高等学科也同样迎来新的变化。著名的例子是发源于格拉斯哥大学和爱丁堡大学的苏格兰学派，该学派主要研究道德哲学、自然法理论和国民经济学，代表人物有弗朗西斯·哈奇森（Francis Hutcheson）、约翰·米勒（John Millar）、亚当·弗格森（Adam Ferguson）和亚当·斯密。作为经典大学学科的医学向来运用的是纯粹的理论和假设方法，实践知识则丢给手工业者（外科医生、剃须匠、疗伤医生），在新的自然研究的影响下逐渐转向实践方法。诊断研究到了这时才刚刚开始：在莱顿大学著名医学家威廉·布尔哈弗（Wilhelm Boerhaave）的引领下，欧洲的大学普遍设立了诊所，以便研究患者的疾病。

从科研机构的角度来看，18世纪也是个变革的时代，而且当时的人也认识到了这一点。自然研究的开放特点不仅体现在知识的获取上，也体现在方法上。以前，实践经验知识、数学技术计算和理论解释在制度上是分离的，现在则结合在一起并互相促进；但与此同时，还没有形成新的有约束力的方法规则以及对研究结果的机制化监控。随着大学不断地融入新的研究，建设新的学科体系和专业门类，它们也再度操纵并控制方法标准——这一发展主要在 19 世纪得到发扬和维持。18 世纪对于哪些是科学哪些不是的分界还不清晰，在很多知识领域都可以看到这一点。接下来我们将主要讨论 18 世纪三大核心研究领域：化学、生物理论和电学理论。

　　化学一开始并不是一个独立学科。过去，研究物质分解和结合问题的主要是炼金术，涉及医术、金属加工、制革、纺织品染色等，并享有掌握古老神秘魔法的声誉，例如点石成金。自然哲学假设与经过实验认证的实践知识之间最开始没有明确界限；两者在 18 世纪早期被统称为"自然魔法（magia naturalis）"。18 世纪 80 年代，这一领域则发生了革命性变革，人们开始将炼金术的起源贬斥为非科学。在 18 世纪，人们尝试从各种各样的化学现象中寻找一般规则，并从一种神秘的物质"燃素"出发衍生了各种理论，从而解释特定的化学现象。普里斯特利、杜尔哥、约瑟夫·布莱克（Joseph Black）、卡文迪什（Cavendish）、加利亚尼等科学家，尤其是拉瓦锡通过各种实验寻找假想中的燃素，最终彻底改造了古希腊流传下来的基本假说，即亚里士多德的土、水、气、火四元素理论。人们确信，空气可以被分解为特定的要素，而气体是这些要素的一种物质形态。土、水和气不再是要素，由此颠覆了流传上千年的基本假设。人们开始研究截然不同的化学元素，从而实现精确量化和数学化，并能够将所有可能的化学过程归结为简单的基本原理，如还原和氧化。这一科学革命带来的结果是拉瓦锡于 1787 年发表了全新的概念体系。

现代学科生物学在 18 世纪的知识体系里还没有出现。当时有两种研究万物的途径：一是调查各种现象的原因和影响，然后在"自然哲学"，即广义物理学的框架下进行研究，其中关于生命物和非生命物之间还没有原则上的区分；二是收集、整理各种现象并将其分类，然后研究"自然史"。后者在 18 世纪经历了高度繁荣：人们对万物的多样性和规律性进行描述以颂扬造物主的智慧，绘制各种分类系统，试图描述造物蓝图。其中最伟大同时也最简单的系统是由瑞典人卡尔·冯·林奈（Carl von Linne）发明的，即使到了今天也还是生物分类学和名词汇编的基础体系。与之相对的是伟大的法国自然研究学者布丰撰写的《自然史》，该书和林奈的研究共同验证了两个重要观点：一是自然研究领域的所有分类都来源于人类想象力的随心所欲的规则，二是自然也要遵循时间的发展规律，就是说自然也有自己的"历史"。

关于生命物的学说，尤其在医学框架下，在
18 世纪有着不计其数的解释方法，即使当时还没
有各种验证或证伪的技术方法。生命体难道真的像
17 世纪理性主义所教导的那样，只是一架特殊的
复杂机器？或者它的每一个身体零件都充满了神秘
的生命力（vis vitalis），就像过去格奥尔格·恩
斯特·斯塔尔（Georg Ernst Stahl）和阿尔布雷希
特·冯·哈勒尔（Albrecht von Haller）所猜测的
那样？这些提问背后都隐藏着神学问题：是否只有
到了个体这个层面才具有生命，并拥有感知能力，
还是说像狄德罗和布丰所认为的，最小单元的物质
就已经具有生命？一系列的实验证明了后者：哈勒
尔证明了单个独立的神经纤维对刺激有反应；珊瑚
虫或蠕虫能够分裂成多个；甚至从一无所有中诞生
小的生命体的实验都成功了。生殖再度吸引了科学
研究的注意，因为它最难和长时期占据主导地位的
生命机械模型理论相容。生命体——无论是物种还
是个体——是否在世界起源时就已经存在（即"预
先形成论"）？又是如何以及在哪里形成的？是在
雄性还是雌性体中？还是说它们随着时间推移才逐
步形成（即"后期形成论"）？新的生命是否能够
随机从无生命物质中产生？18 世纪的实验手段都

无法确切地回答这些问题，因此，假设和推论是不设限的。不过，关于生命体的机械模型理论在18世纪逐渐丧失了说服力。有关生命体及其新陈代谢、繁殖和增殖等特殊功能的学说开始形成独立的科学学科。

最后是电的学说，这也是在18世纪引发了各种理论假说的学科领域。电最初只是作为琥珀的一种吸引物质的属性而被人所熟知。到了18世纪，人们认识到许多其他现象都可以追溯到这种神秘的力量。因此，对电的研究逐渐进入实验物理学的核心领域。人们发明了"莱顿瓶"（1746年）之类的装置，用来汇集电流从而制造各种人造电现象。许多奇异的实验在付费的观众面前，或者在共济会和沙龙中进行。富兰克林曾在1752年的某个类似的实验中证明，通过金属棒或钢丝可以将闪电的电力导入地下，从而发明了避雷针。这对于当时的知识分子来说是一项无比巨大的成就，它抽离了人们对雷电的原始恐惧，并带来这样一种感受，即随着时间的推移，一切自然力量都能够得到控制。然而，人们还无法从理论上对电力的影响作出完全的解释，学者们公开对关于电"流体"的起源和本质进行着各种猜测。

自然科学的巨大魅力，对一切可能假设和理论的包容开放，以及研究标准的低制度化，都使得启蒙运动后期的大众对神秘事物有着极大的接受度。关于"炼金石"的自然哲学猜想，以及对于《赫尔墨斯文集》(*Corpus hermeticum*)[①]等向秘密知情者昭示自然最隐秘本质的古老文本的信仰，在很长一段时间内仍然影响着现代自然研究，到了18世纪还有一些新的秘密社团如玫瑰十字会在从事此类研究。就连牛顿也对这些猜想作了充分的贡献。和之后的时代相比，18世纪还不具备区分科学和密宗的明确标准。

其中令人印象深刻的是一个自称卡廖斯特罗伯爵(Graf Cagliostro)的人，他在1784年创立了所谓的"埃及会"，自封为灵魂巫师、奇迹治疗师和炼金术士，并声称能把古老神秘的真理带进欧洲的宫廷和沙龙。卡廖斯特罗笨拙的伎俩相对来说更容易被揭穿，但是要区分自然哲学的推测和欺诈性的骗术则并不总是那么简单，因为前者还很难

[①]　约著于公元100~300年的一系列文本的合集，多位著者都使用了"三重伟大的赫尔墨斯"之名，探讨的内容涉及宇宙的起源、神性的特点、人类的堕落、真善美的理念等，涵盖宗教、占星术、炼金术等多个领域。这些文本包含埃及神秘主义、俄耳甫斯神秘思想、新柏拉图主义、狂喜、净化、牺牲、与上帝的秘密联结等思想，1463年由马尔西利奥·费奇诺(Marsilio Ficino)翻译成拉丁文，1471年正式出版。——编者注

通过实验加以证明。这一点尤其体现在 18 世纪最后四分之一时间里人们对"催眠术"的狂热追捧。维也纳医生弗朗茨·安东·梅斯默（Franz Anton Mesmer）在牛顿引力理论的基础上发展了一种"动物磁性"理论，他不仅借助这种理论解释疾病，而且通过磁性装置甚至仅用手触碰就引起病人的恍惚状况，从而进行治疗。尽管这种治疗方法无法在实验上被其他研究人员采用，但梅斯默还是成为 18 世纪 80 年代巴黎沙龙中炙手可热的治疗师。公众对此的信任比启蒙批判家所希望的更为强烈。对世界的祛魅反而助长了一种新的狂热和追捧。事实证明，对科学的热情也可能采取了信仰的方式。

第八章　改革的百年

—— 自然法理论、开明专制主义和国家的合理化

启蒙与国家

启蒙运动对国家的态度是怎样的？为了解决这个复杂的问题，首先要了解 18 世纪的"国家"究竟指什么。

在第一章中已经提到，我们今天所理解的主权国家概念是在近代早期才逐渐形成的。我们一般将这一通往现代国家道路上的重要阶段称为"专制主义"。这意味着君主摆脱了阶级共同参与的传统治理模式，转而拥有了一种称为"Potestas legibus soluta"的权力，即可以脱离法律的束缚以及必须为达成共识而努力的传统。这种情况在这一时期有了重大修订。君主的"绝对"统治绝不是不受限制的，也不像人们一直以为的那样完全独立于阶级权力。因此，现在人们更愿意称之为国家形成阶段，而不是专制主义，具体指的是国家中央权力的扩张、统一和加强的过程——无论是否有阶级组织的参与。英国是传统阶级组织（即议会）在主权国家的权力机关中赢得关键地位的典型案例；勃兰登堡—普鲁士则清楚体现了阶级在全国大部分地区受到完全压制，而君主完全掌控着国家权力和现代化

政策的执行。法国则被视作专制主义的典型，国王对行政、司法和税收的现代化改革遭到了高等法院的激烈、强力的反抗，后者将国家的改革政策贬斥为独裁主义（Despotismus）。

我们不能将欧洲各国的政治结构一刀切，中央权力、本地贵族、新的市民阶层精英、城市和（天主教国家）教会集团之间的力量对比存在很大差异。因此，启蒙圈和国家权力的关系也十分不同，评判它们的时候既要以所在国家的政治情况为依据，也要考察其自身所处的社会结构。就算在同一个国家，启蒙者的政治立场也可能千差万别：一边被看作为所欲为的独裁主义，另一边则可能被视作理性统治。但是，绝对错误的是认为启蒙运动和专制主义（更恰当的说法是：国家权力的强化）之间存在着原则上的对立，就好像启蒙者从一开始就能预测到传统君主法律关系将遭到颠覆似的。在很多国家，他们在很大程度上与国家权力保持一致，尤其是当他们本身就是负责国家扩张的阶层中的一员：公职贵族、法官、新教牧师、部分天主教神职人员、教授、军官等（参见第三章）。这种情况尤其适用于德国和意大利领地，但是也同样适用于欧洲的边缘地带，例如俄国、西班牙、葡萄牙和丹麦，因为这些地方吸收了来自英国、法国和德国的

启蒙运动，在对国家机器进行现代化改革的进程中
要依赖外国的领导力量。在英国没有专制主义，发
挥作用的是一套高效的议会中央制度，市民贵族中
产阶级在诸多方面——从地方治理到议会——都是
独立参与执政、司法和行政管理过程，而不是与之
相对立。即使是在卓越的启蒙者与中央权力相对立
的法国，哪怕在那里狄德罗被投进监狱、伏尔泰和
卢梭遭遇驱逐，启蒙者们也逐渐获得了执政集团和
行政管理中的关键岗位，并将启蒙思想付于实施。

就像几乎没有"特定"的启蒙运动一样，我们
也很难说明启蒙和"特定"国家的关系。然而，尽
管实际情况千差万别，我们还是可以总结出18世
纪欧洲政治生活的若干一般特征，举出若干具有相
当影响力的政治理论方法。

这个时候的所有欧洲国家都还没有现代意义上
的宪法。也就是说，法律是一种经过几百年逐渐演
化的事物，即一套由合约、特权、规则以及大量由
古代传下来的、已经无法溯及来源的习惯法构成的
极其复杂的混合体。当时的现行律法和现代的法治
国家不同，还没有形成一个记录完备的、系统性的
整体。更多的是不同法系的交叠，适用范围没有明
确定义，职权范围没有明确区分。一面是由"高贵
出身者"构成的古老阶层所形成的地方律法习惯，

一面是由当局主动颁布的书面法律或统治者与各阶级达成的约定。此外在天主教国家还有教会法，既针对人员（即神职人员及其家庭）也针对特定的事物（例如婚姻）；其与国家权力的关系处于非常有争议的状态。最后，大部分国家还吸收了自中世纪晚期流传下来的罗马法《查士丁尼法典》，这部更高一层、高度差异化的古典学者法是对本国传统法律的补充、解释和系统化。

在这一背景下，公法（国家和臣民之间）和私法（臣民之间）还没有系统的区分。当时还没有适用于所有臣民的统一律法，每个团体的成员都享有不同的法律地位，遵循不一样的法律、自由权和特权（参见第三章）。也没有系统的国家组织法来明确约束国家权力如何行使，有的只是大量约定俗成的、通过合约缔结的或者继承下来的统治权力，这不仅指中央权力，有时也涉及那些互相竞争的权力（参见第一章）。这些法律关系的共同点在于，它们都具备传统上的合法性，不能简单地摒弃。但是，就像在前面章节所述，它们在很大程度上阻碍着政治、经济和社会发展的活力。无论是为了促进经济生活还是提高国家收入，无论是为了改善农民的法律地位还是取消教会节日，所有类型的改革都要求将现有的法律关系抛到一边。

这是很多欧洲国家的启蒙者或多或少面临的境况。根据他们对改革目标的态度，可以十分粗略地分为两种立场。一是支持君主获得无限制的权力，因为他们希望君主能够推动他们眼中有助于人类进步的改革。有些人甚至认为君主的权力还远远不够来抵抗贵族、教会和传统集团的强大特权。他们要求所谓的"despotisme éclairé"，即理性本身的独裁，以取消阻碍改革的共同治理模式，例如大部分重农主义者就持这种主张。二是视国家改革为独裁的一种而予以抨击，理由恰恰也是它摧毁了共治的可能性，并要求更多的政治参与"自由"和对权力的制约。代表人物是孟德斯鸠，他援引的是古代的混合政体学说传统。然而在"自由"这个概念背后恰恰隐藏着对立：有人认为这是指由来已久的由阶级所决定的各种特权自由，也有人认为是指所有公民均享有的普遍的、平等的自由（参见第九章）。18 世纪下半叶，在很多国家的公共讨论中，"自由"一词逐渐变成流行语，而这个词的双重意义还没有被时人所认知；这个流行词语没有揭露，反而是隐藏了对立的利益关切。

无论人们在 18 世纪所要求的改革是何种类型，无论是要求强化中央权力还是要求普遍参与，都必须以新的方式说明理由，使其合法化。传统的解释方式已不再适用，因为它们要么是基于上帝理论，要么基于无法溯及的过去，要么基于阶级的共识。现在要做的正是反对旧事物，并在抵抗特权的过程中创造新事物。现在需要一个完全不同的机制，使得对现有法律制度的干预措施合法化。有一种新的法律论证方法使这一点成为可能，那就是现代自然法，或称理性法。它主要完成了两件事：第一，它对宗派分裂和基督教世界秩序的丧失作出了回应，并为人类共存的规范提供了新的独立于宗教真理主张的理论基础；第二，它回应了新的政治需求（无论符合谁的利益），并为其提供了新的合法性基础。自然法是一种法律论证方法；我们无法根据具体的内容进行定义。它更多是用来使不受限制的权力合法化并建立普遍的人权（见第九章）。

自然法理论

伟大的自然法理论体系可以追溯到 17 世纪的胡果·格劳秀斯（Hugo Grotius）、霍布斯、斯宾诺莎、洛克和塞缪尔·普芬道夫（Samuel Pufendorf）。该理论彻底改变了法律和政治思想，取代了亚里士多德的传统实践哲学。就像 17 世纪的自然科学家们所做的那样，自然法理论学家关注的也是跳出权威的杂丛，用精确的方法来确定人类社会的永恒规律。为了在伦理、经济和政治学等实践哲学领域获得确切的认识，理论学家借鉴了自然学科中的"几何"和分析演绎法：他们将共同体尽可能拆解成最小的部件，然后再系统地重新构建。他们认为，基于某些关于"人的本质"的假设，能够通过逻辑方法论推断，推导出一整套有约束力的标准，即能够从人的自然"存在（Sein）"中推断出"应在（Sollen）"。

其中至关重要的两点分别是自然状态的虚构，以及契约的法律性质。和以前的一切自然法则不同，要设想人类个体处于一种没有束缚的虚构的"自然状态"，然后追问在这种情况下如何论证权利和义务。在这种摆脱了一切束缚的原始自由状态下，只有达成自由契约才能将人类凝聚起来并使他们各自承担义务。一切合法的社会形态——从婚姻到家庭到国家，即"societas civilis"——都被认为是所有人自愿（显性或隐性）缔结的契约。人们从所有历史上的统治关系中进行抽象概括，然后依照新的个体意愿对其重新构建。既然认为在自然状态下的个体拥有无限的契约自由，那么可以对从奴隶制到君主专制的任何统治形式作出辩护，即认为臣民、农奴或奴隶是自愿且不可更改地（明确或默认）臣服于其主人的权力之下。同样的，基于同一理由也可以对任何形式的统治进行质疑，即认为在自然状态下个人的权利是不可剥夺的，那么建立国家的目的也只能是维护这一状态。

不同的理论家对自然状态的性质有着截然不同的看法，在此基础上建立的规范体系也大不相同。例如，激进的自然法理论家托马斯·霍布斯认为，自然状态就是完全没有法律的状态，是所有人针对所有人的权力。通过契约建立的主权是一切权利的唯一来源，而且不受契约的约束。在国家之外是不存在任何权利的，在国家内部是主权创造了权利。其他自然法理学家则没那么激进。霍布斯认为，自然状态下的个体是没有任何权利的；洛克则认为，个体建立社会的唯一目的就是捍卫自己自然的、个体的生命，捍卫自由和财产权利。因此，国家保障个人自由和财产权的目的使得人们对国家权力设定了明确的限制。这一学说在 1689 年后成为英国统治和财产法令的理论基础，但后来也成为极端改革诉求的基础（参见第九章）。卢梭在他的"社会契约"架构中研究的也是国家权威如何与个人自由共存的问题，后来成为法国大革命的参照。他的答案是个体通过契约形成"普遍意愿"，一方面他们作为意志共同体共同行使统治权，另一方面也作为个体受到无条件的统治。

德国法学家和历史学家塞缪尔·普芬多夫提
出的自然法体系顺应了这一潮流，对 18 世纪的整
个欧洲具有极大影响力。他提出人类的自然社会性
（socialitas）迫使他们离开自然状态。通过一系列
的契约，人们联合起来组成一个社会，并将权力委
托给某个统治者行使。可以是君主、贵族团体或者
是整个有组织的民族；权力可以无条件、无限制或
有条件、有限制地让渡。根据这一学说——类似洛
克的观点——公民仍然是政府的缔约方；契约产生
了双方的权利和义务。这一学说对政治的影响主要
取决于契约条款和缔约目的。正如洛克的观点，国
家的目的不在于保障个体的自由权，而在于促进
集体的安全和福利，即"福祉"，由此打开了创建
国家的意愿之门。大部分"早期"德国自然法学者
（主要是克里斯蒂安·沃尔夫、克里斯蒂安·托马
修斯及其学生）认为，君主受社会的委托，尽一切
努力达成这一共同目标，而每一位臣民对所采取的
方式方法是否合适不享有话语权。

　　自然法理论提供了一种证明法律合理性以及批
判现有法律的方法。重要的是，这是一种全新的现
代的理性标准，对由来已久的统治及法律关系的传
统宗教合法性发起了挑战。民众作为个体的总和，
而不是作为此前的阶级集团和政府官员，成为统

207

治权力的来源和最初的统治者。这一概念里包含的潜在批判力可以这样理解：以统一的国家权力反对贵族特权，或者相反的，以每一位公民的力量反对国家权力。简而言之，这是一个在正义问题上非常灵活的斗争工具。然而，直到18世纪的最后二十多年，自然法才在欧洲大陆成为国家活动扩张、反对阶级中间力量的论据。大多数自然法学者远未触及国家权威，相反，他们试图为之扫除障碍。自然法理论在实践上的影响力首先体现在人们提出了理性的国家建设目标，或至少尝试使其合法化上。

208　　**国家现代化政策**

改革举措（按时间顺序排列）

1709	俄国沙皇彼得大帝开始实施行政改革
1714	勃兰登堡—普鲁士禁止审判女巫
1715	彼得大帝在俄国颁布教会条例
1722/1723	弗里德里希·威廉一世在勃兰登堡—普鲁士进行行政改革

1737	英国禁止审判女巫
1738	哥廷根大学建立
1739	普鲁士废除酷刑
1740	玛丽娅·特蕾莎在奥地利开始进行行政改革
1749	米兰公国税收改革
1749~1755	西班牙行政改革
1750	那不勒斯王国开始推行改革 巴伐利亚编纂刑法法典
1755	米兰公国推行行政改革 莫斯科大学建立
1757	葡萄牙在蓬巴尔治下开始推行改革（1755年里斯本地震后）
1758	《巴伐利亚马克西米利安民法典》
1759	葡萄牙驱逐耶稣会士
1763	勃兰登堡—普鲁士颁布普通义务就学法 勃兰登堡—普鲁士开始大瘟疫后的重建 法国爆发税收改革冲突
1764	法国驱逐耶稣会士

	波兰斯坦尼斯瓦夫二世－奥古斯特开始推行改革
1765	俄国教会产业世俗化
1766/1767	托斯卡纳大公国推行重农主义自由贸易政策
1767	西班牙驱逐耶稣会士
1767/1768	俄国成立立法委员会
1768	奥地利推行刑法改革
1770/1771	施特林泽在丹麦推行改革
	莫普在法国推行司法改革
1771	巴登开始推行重农主义改革
1772	西班牙推行重农主义自由贸易政策
1773	波兰推行学校改革
	教宗宣布废除耶稣会
1774	奥地利推行学校改革
1774~1776	杜尔哥在法国推行重农主义改革
1775	俄国推行行政改革
1777~1781	法国首次设立内克尔改革部
1780	法国废除酷刑
1781	哈布斯堡皇朝约瑟夫二世开始推行极端的改革政策（例

如宗教宽容法、废除农奴
制等）

1782/1783	托斯卡纳大公国推行行政改革
1783	巴登废除农奴制
	托斯卡纳利奥波德大公爵颁布宪法草案
1784	勃兰登堡—普鲁士起草大法典
1785	俄罗斯颁布贵族和城市法令
1786	奥地利约瑟夫二世颁布民法典
	约瑟夫二世在伦巴第推行地方改革
1787	托斯卡纳大公国颁布刑法典
1788	法国宗教宽容政策
	法国司法改革
	法国第二次设立内克尔改革部
1788~1792	波兰四年议会改革
1789	瑞典颁布联合和安全法案
1790	奥地利颁布废除农奴制法令
1794	颁布普鲁士一般邦法

17世纪以来，特别是在18世纪，国家政权自认为应履行的职责远超传统上应承担的责任：维持和平与正义。为了实现"安全、福利和尘世（不再是永

恒）的幸福"等新的目标，国家政权所需的行动空间和以往完全不同，它需要更多且更可靠的工作人员、更有效的程序，最重要的是：更多的钱。以这一切为目标的国家改革最初契合的是政权所有者自身的利益；但同时，这些改革在很大程度上也与众多启蒙主义者圈子的要求相吻合。国家理性化和现代化以及启蒙运动的进步乐观主义在很大范围内是携手并进的。这就使得一些君主无法逃避这种亲近性，进而与著名的启蒙思想家建立起私人关系，邀请他们到宫廷，达到为自己粉饰的目的。弗里德里希二世和伏尔泰、叶卡捷琳娜二世和狄德罗是其中最著名的例子；还有更多鲜为人知的例子，例如巴登大公卡尔·弗里德里希和重农学派的奥古斯特·施莱特魏因、瑞典国王古斯塔夫二世和米拉波与杜尔哥。在这些启蒙者面前，一些君主通过理性、勤劳、智慧以及在宫廷世界中展现的市民的一面，营造出双方平等的印象。尤其是君主脱离内阁进行自主统治，完全凌驾于并独立于群臣和情妇的做法，得到了广泛支持。如果君主还发表自己的哲学著作来参与公众讨论，那么将获得无尽的掌声，正如弗里德里希大王所做的那样，他被称为"哲学王"，被视作理性的化身。法国国王却没能成功拉拢公众。他的政府长期以来一直逃避利用新媒介推广改革，因而被指责为任人唯亲和肆意妄为。

图 18 《弗里德里希大王和伏尔泰》，当时的铜版画

通常，君主只会在对其政权有利的情况下遵照启蒙运动的改革方案。例如，狄德罗很快就意识到，他那广泛的立法改革计划在沙皇的宫廷中受到限制的地方，也就是那些限制了君主制的地方。因此，他得出了一个发人深省的结论：即使是最开明和最明智的暴君也终究是一个暴君，因此，哲学家国王的统治也并不一定是最好的统治，因为它始终取决于统治者的品格和见识。启蒙者与统治者的关系受到一个根本困境的影响：他们一致认为，不应由国王，而是应由法律本身来统治。但是，这一切又取决于如何制定法律。如果不是不受限制的君主，那么该由谁颁布正确、明智的法律？又有谁能保证君主本人和他的继任者会不加辩驳地遵守这些法律呢？

一开始，很多国家的启蒙人士将君主看作开明的立法者，只要君主不沉迷于宫廷的奢侈生活，而是准备发起根本性的改革，即使这些改革最初提高的是国家的权力或国家的收入。很多君主也纷纷效仿前文提到的"开明君主"榜样——弗里德里希二世、约瑟夫二世和叶卡捷琳娜二世，坚决推行现代化政策：例如瑞典国王古斯塔夫三世在1772年发动了一场针对意见分裂的阶级大会的政变，恢复了君主统治；此外还有那不勒斯和西西里以及后来的西班牙国王卡洛斯三世，波兰国王斯坦尼斯瓦夫·波尼亚托夫斯基，托斯卡纳大公彼得·利奥波德，也就是之后的皇帝利奥波德二世。最重要的是那些受君主委托进行独立改革的大臣，例如葡萄牙蓬巴尔侯爵（Marquis de Pombal），西班牙坎波马内斯（Pedro Rodriguez de Campomanes），丹麦的约翰·弗里德里希·施特林泽和安德里亚斯·冯·伯恩斯托夫（Andreas Philipp von Bernstorff），那不勒斯的贝尔纳多·塔努奇（Bernardo Tanucci），尤其是法国的安内-罗贝尔-雅克·杜尔哥。即使在神学领域，也出现了开明的改革意愿，例如卡尔·特奥多尔·冯·达尔伯格（Karl Theodor von Dalberg）选侯区总主教治下的美因茨，弗朗茨·路德维希·冯·埃尔塔尔（Franz Ludwig von Erthal）采邑主教治下的班贝格，以及科洛雷多（Colloredo）采邑总主教治下的萨尔茨堡。

　　由启蒙理论家设计、大臣们尝试推动的改革遵循着一整套理性概念；这些改革不再要求回归过去的美好荣光，有时甚至带有革命的乐观主义特征。这种相信可以按照确切的理性规则来构建整个社会的政治理性主义就像发条装置一样：国家的所有力量都应像机器的齿轮一样啮合，以实现整体福利，不应容忍任何多余和不可预测的事情，并且整个过程都应由中央控制。

七年战争（1756~1763）之后的那段时期是大多数欧洲国家进行激烈改革的时期，因为战争带来了经济压力，并耗尽了公共财政。此外，民众积累的压力、饥荒和贫困等后果也不断加剧。所有这些都为国家理性化和经济结构的现代化提供了新的动力，并加速了改革目标的实现。其中一些改革可以追溯到 17 世纪，当时只是为了提高政府效率，而另一些则带有特定的启蒙性质，呼应着人道主义动机。但是，很少有人认为国家利益和与人友善这两个目标是不相容的。

许多欧洲国家以相似方式按计划、系统性地进行的改革具体包括哪些？接下来简要总结一下当时最重要的改革趋势。

所有国家合理化手段的开始都是财政政策。其目的是增强臣民的经济实力，并将剩余资产尽可能多地导向国库。由此中央权力与传统力量展开竞争，因为奴隶主、地主、领主、教会等也要从中分一杯羹。由于这些力量联合组成了国家的各个阶级，他们从很久以前就有对中央提出的征税要求作出批准的权利。尽管在 18 世纪的许多国家中，这项权利已经在很大程度上受到各种方式的侵蚀（例如征收间接税，索性不召开阶级大会，有时甚至是暴力威胁），但是至少在征收和管理国家税款方面，各阶级仍占有相当大的话语权。在一些国家，征税这项任务则租赁给私人企业主，或者由购买或继承其职位的公职人员执行。然而更重要的一点在于，当时的等级社会还完全没有按照统一的衡量标准进行征税的意识。贵族、教会集团以及国家公职人员等传统上可以很大限度地免于为其人员和财产纳税。（英格兰是个例外，其贵族几乎没有享受税收优惠。）当时通常还没有统一的国家财政：国家的税收政策既没有平等地适用于所有臣民，中央政府也没有独揽税收管理大权。

改变上述两个情况成为政府的主要关切。一个典型的改革目标就是建立一个统一的国家金融机构，由该机构统一管理国家和领土的收入，并将以前的自治阶级行政机构纳入管辖范围（例如弗里德里希·威廉一世统治下的勃兰登堡—普鲁士，玛丽娅·特蕾莎统治下的哈布斯堡皇朝）。改革的另一个主要目标是统一税收和削减众多税收特权——极端情况下甚至无视阶级区分，实行统一的土地所得税（例如约瑟夫二世1789年在奥地利的激进改革）。但是，此类改革计划的前提是进行全面的清查，以便大致了解土地所有权的分布情况以及相关联的权利和特权，也就是说进行土地登记（例如在

216

俄国、奥地利、米兰公国等）。然而由于特权者害怕失去财产地位而进行抵抗，此类努力往往以失败告终，例如 1763 年的法国。法国"旧制度"政府在最后几十年里频繁更换财政大臣以对抗高等法院的反对派，通过财政改革试图减少约 4 亿里弗尔的财政赤字。

不仅财政管理需要标准化和集中化，行政管理的所有分支也都类似。然而，中央权力完全无法摆脱传统地方政治的参与。因此，大多数国家都试图将以前众多的自治权力紧密整合到一个中央政府机构中。换句话说：必须施行一种独立的官僚等级制度，一切权力都是自中央、自上而下产生的，并监督各省和地方的自治权。在法国，这类改革可以追溯到 17 世纪；西班牙于 1749 年进行了效仿。在俄国，彼得一世开始建设由中央统一控制的、覆盖整个国家的行政机构，以部署军队为目标，这是第一次改革尝试；叶卡捷琳娜二世在 1775 年后继续进行改革。在大多数欧洲国家——最著名的是普鲁士和奥地利——进行的行政改革旨在建立均衡的、统一的、由中央控制的机构网络，目的在于削弱各地自治权。高效的国家行政管理需要训练有素且忠于国家的专业人员。18 世纪下半叶的许多改革都追求这一目标：对公职人员的教育要求提高了，在职

位要求上资格能力越来越重要，工资和待遇受到更
严格的规定。各部门的人数增加了，差别也更大
了，针对新的任务开设了特别委员会，如此一来国
家公务人员的总数急速增加。只有英国和尼德兰在
很大程度上放弃了这种中央集权；省级和地方政府
的权力基本上保持不变。这不是巧合，因为与其他
大多数国家不同，这两个层级之间不存在根本的利
益冲突，中央权力本身就掌握在阶级集团手中。

　　国家主权的一个非常重要的分支是司法。君主
仍然被视作最高法官，其裁判权通常是统治的支柱
之一。但是，各个级别的司法权更多由从拥有世袭
管辖权的地主到最高法院等地方和阶级力量掌握，
其中，法院的职位通常由各阶级占据，或者是成了
可购买、可继承的财产。在此，中央政权的目标是
行使高效的、忠诚的、由国家提供和控制的司法
权。各国的实现情况各不相同，遇到的抵抗也程度
各异。特权者援引高等法院庭长孟德斯鸠的观点，
认为国王、贵族和"人民"之间应当权力分离，独
立法院的存在是"自由"和法治不可或缺的保证。

　　政府与法院之间最激烈的冲突应该说发生在法
国王室与巴黎及各省的高等法院（Parlement）之
间。自 1614 年以来，王室不再召集传统的三级会
议（États généraux），因此高等法院宣布要取代

各阶级来对抗王室，以捍卫国家的传统权利和自由。新法案须在法院进行注册方能发挥法律效力，而且由于拥有这一程序特权，18世纪的法院可以行使对王室立法的控制权。他们已经开始反抗教会的"反詹森主义"政策和政府的财政政策。启蒙人士对此意见存在分歧：一方面，高等法院将自己视为宫廷"大臣专制主义（Ministerdespotismus）"的唯一合法反对者；另一方面，他们为了维护传统特权结构，反对任何改革。1771年，持续的税收冲突导致路易十五的大法官莫普（Maoupeou）突然废除高等法院，并建立了现代的司法机构：他将整个国家平均分为六个新的高级法庭区，并设置领取国家薪金的委员会，其职位并非个人所有，而且委员会不收取诉讼双方的诉讼费；他简化了程序法，从而缩短了诉讼时间。这场"自上而下的政变"对大革命前的法国来说影响是空前的，但也没有持续很长时间。路易十五突然去世后，路易十六在1774年即位，并立即撤销了改革。1787年到1788年又发生了类似的事情：巴黎高等法院再次被政府放逐，此举在很大程度上促成了大革命的爆发。类似的重组司法体制的激进做法是1787年约瑟夫二世在哈布斯堡王朝统治下的尼德兰（后来的比利时）所进行的改革：他还废除了所有传统的阶级司法机关，转而引入一种统一的、分级别的司法组织，配以固定的审级，与新的行政制度也是互相分离的。这项改革也被波及者称为专制独裁，并导致了一场与法国大革命在很多方面类似的革命（参见第九章）。

在天主教国家，还有一个重要的改革领域——教会政策。这与新教国家的问题不同，因为后者的君主本身就是国家教会的首脑，并将新教教会制度纳入了中央管理组织。对于天主教国家，罗马教会的自治权仍然以多种方式渗透到各个国家。自中世纪晚期以来，在推动国家建设的逻辑中，君主总是努力压制教会的统治权和宗教豁免权。为此，君主在自己的统治领域行使所谓的国家干预教会事务权（ius circa sacra），例如教宗的谕令须经他们同意（赞成票"placet"或许可证书"exequatur"）才能生效。在大多数天主教国家中，传统上国家教会政策的目的都是使各个国家教会摆脱罗马控制。一方面，它能够将国家教会转变成中央政府的统治工具：路易十四在 1682 年前后就让法国国家宗教会议宣布"高卢自由"①，然后才开始在全国范围内实

---

① 高卢主义（Gallikanismus）是中世纪晚期以来在法国出现的一种国家宗教政策，旨在使法国天主教会脱离罗马教廷的控制，使教宗的世俗权力最小化。

行严格的统一宗教政策。另一方面，这样的国家教
会政策可以与宽容的启蒙精神携手并进。最著名的
例子要数约瑟夫二世在哈布斯堡家族统治下的各国
施行的教会政策（"约瑟夫主义"），他最初是与母
亲玛丽娅·特蕾莎共同推进，从 1780 年开始单独
施行。他废除了多项教会豁免权和宗教特权，试图
重新对教区进行划分以使其与哈布斯堡皇朝边境重
合，解散了约三分之一被认为无用和无果的修道院
和兄弟会，并将其余的教会组织纳入国家管辖。按
照新教的模式，他用从解散的修道院中获得的资产
建立了国家教会局（1769 年），负责教会的行政管
理、神职人员的培训和教育。婚姻也首次在欧洲成
为民事行为。此外，约瑟夫二世通过增加神父职位
来改善灵魂关怀事业，并试图以清醒、内在、"理
性"的虔诚来改革民众的宗教习惯：他废除了许多
宗教假期，反对朝圣、魔法和圣人敬拜。同时，他
从 1781 年开始颁发宽容令，在法律上对路德宗、
改革宗和天主教的希腊正教会一视同仁，并逐步提
高犹太人的法律地位。正是这些改革使约瑟夫二世
不受臣民的爱戴，因为他们的生活规范突然发生了
翻天覆地的改变。

　　国家改革的另一广阔领域是经济政策。在这
一点上，政府比财政或司法部门都有更大的活动空

间，因为这是一个全新的治理领域，不必顾忌旧有
的权利和自由。首先，经济政策取决于财政动机，
因为只有经济状况好的臣民才是长期的纳税人。大
量勤劳和富裕的人口被认为是国家权力最坚实的基
础。因此，许多启蒙者都坚信，君主的切实利益是
与他的臣民完全一致的。他们制订了全面的计划，
其目标甚至宏伟到涉及整个国家及其所有成员的
"共同幸福"，也就是说，要认真关心那些传统上
根本不属于中央权力管辖的领域。

但是，人们尚不清楚哪种措施能真正地、最大
限度地促进人民的福利。首先，大多数政府仍然依
赖于商业经济管控（参见第二章）。在整个18世
纪，一些国家开始受到重农主义和早期自由主义理
论的影响，要求消除贸易障碍和价格壁垒，消除行
会限制和消费禁令，消除封建负担和个体权利的依
赖性。当时出现了一些激进而后果严重的试验，例
如在法国，由杜尔哥领导的谷物贸易全面放开导致
公众两极分化。即使在没有遵循重农主义理论的地
区，也普遍存在减少经济壁垒的趋势。例如在农业
领域，许多政府支持瓦解传统农村经济形式，推动
公地的分配，取消集体林业使用权等。在城市经济
领域，国家法律介入行会法规并推动自由市场竞
争。最重要的是，启蒙者开始关注农村人口的高压

生活境遇。之前已经提到过经济和农业社会的众多倡议活动，促进了农业和对农村人口的启蒙。但这还不够；更关键的是提高农民的法律地位，限制地主、庄园主对他们的劳役，减轻封建税负。人们也首次对农民摆脱人身依赖进行了讨论。然而，这些启蒙改革要求随之遇到了传统农业和社会法律的界限。即使是开明的君主，如叶卡捷琳娜二世或弗里德里希二世，也没有放弃贵族一致坚持的立场。叶卡捷琳娜二世实际上增加并保护了贵族特权，弗里德里希二世则支持其与市民阶级保留界限。建立在农奴制基础上的货物经济除了少数例外情况几乎没有受到影响。在俄国，土地改革仅仅是将教会手中的土地资产移交给小农。例外情况是约瑟夫二世在奥地利采取的激进措施，在他的母亲已经解放了官地的农民后，他于1781年完全废除了农奴制，卡尔·弗里德里希·冯·巴登（Karl Friedrich von Baden）也于1783年废除了其公国的农奴制。但是，这些改革并没有完全解放农民，因为他们必须用现金支付他们主人所损失的劳动力。个人权利的纽带往往转化成了更具压迫性的经济依附。

18世纪经济政策存在一个几乎未遭受质疑的信条，即一个国家的经济实力取决于人口规模。这就是政府尽一切可能促进人口增长的原因。他们吸引外国工匠和商人前来定居，西班牙、俄国、普鲁士和匈牙利就是这样做的。此外还引入了许多福利、卫生和司法政策，来解决儿童高死亡率、遗弃儿童、对私生子和单身母亲的歧视等问题，这些不仅出于人道主义动机，而且受到人口和经济政治的推动。对于制定此类政策的开明官员而言，这两者是紧密相连的。最终，福利、劳动、健康、体面的生活条件和一个蓬勃发展的强大国家都是密不可分的。

所有影响社会内部秩序和繁荣并被纳入政府规划的事物，都被当时的人归于"Policey"这个概念之下〔不要与现代的"警察（Polizei）"混淆〕，即当今所指的社会、教育和卫生政策。在这些领域，启蒙者的个人倡议和国家改革携手并进，这可以体现在国家对经济和慈善社会建设的支持上（参见第五章）。

由于城市和乡村的下层阶级不断扩大且贫困加剧，贫困救济成为话题。在近代早期，人们对贫穷和乞讨的态度发生了根本性的变化。以前，贫困曾被认为是神所喜的，并且给富人提供了履行基督教慈善职责的机会，而到了近代早期，贫困逐渐成为罪名。由于城市和乡村无法从根本上解决这个问题，政府早在 17 世纪就开始建设救济院、监狱和

224

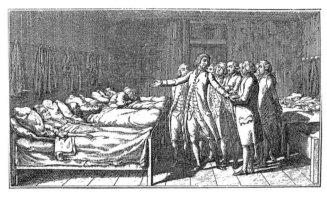

图 19 《扶危济困》，版画，丹尼尔·霍多维茨基，1783 年

劳改场。这样的机构可以同时达到多种目的：一方面为"受尊敬的"无辜穷人（即孤儿、婴儿、精神病患者、残疾人等）提供临时照料，另一方面对身体健全的"坏"穷人、乞丐和罪犯进行威慑和惩罚。同时，通过利用"强壮的穷人"的劳动力还可以达到经济目的。

到了 18 世纪，这种传统的国家济贫政策受到越来越多的批评。虽然贫困仍然被看作道德问题，而非经济结构问题，但是正因为这样，出于启蒙教育乐观主义，人们要求不要通过监狱来惩罚穷苦人，而是要"改善"他们。为了对抗懒惰和不愿工作等导致贫困的原因，人们呼吁进行工作作风教育（Industriosität），培养勤奋拼搏的品质。从前，人们接受贫困，认为其是神的秩序的一部分，而现在人们乐观地相信人类的"完美性"，因此也认为没有贫困和痛苦的世界是可能的。反过来，这意味着所有没有接受过教育和改善的人都应遭受更严厉的道德谴责。

同时，对社会苦难的认识也有所不同。人们要求停止将穷人、病人、精神病患者和罪犯关在同一个强制住所，而改设专门的福利机构。其中一个受启蒙理念影响的示范案例是 1788 年汉堡的贫困救助改革。汉堡市议会积极预防贫困的措施涉及更广泛的阶层，而不仅限于应对贫困的后果。为此，他们为有工作能力的人创造就业机会，为孩子们建立"工业学校"，为暂时陷入贫困食不果腹的人提供食物和其他救济，雇用济困医生，让无法工作、患病和无助的穷人在家就能受到照顾。

另一种存在差异且重在预防的福利措施是国家医疗政策。过去，只有有钱人负担得起受过学术训练的医生的治疗；大多数人要么使用传统的家庭医药，要么求助于熟练的外科医生、理发匠或"江湖医生"。现在，国家政府首次建立了一套医疗体系：建立中央卫生管理机构、雇用医生并支付报酬、建立医院、发布卫生条例、采取预防措施、培训助产士和外科医生。医疗政策是 18 世纪启蒙运动与国家政权联手的典型代表：启蒙者努力使现代科学知识硕果累累，并教育平民百姓过上卫生和健康的生活；国家则努力确保臣民的福利全覆盖和规范化。此外，国家急于将各种非学术健康职业纳入管辖范围。国家不断增多的福利措施始终意味着其统治的扩大和强化。

同样，政府利益和人道主义保持一致的还有刑法改革，受到了启蒙者和后来历史学家的热烈欢迎。传统的刑法是以威慑和报复原则为基础的。耸人听闻的公众惩戒式的惩罚实际上很少得到彻底执行，其作用在于象征性地恢复受到损害的神圣秩序。1757 年，罗伯特－弗朗索瓦·达密安（Robert-François Damiens）因企图暗杀路易十五而在公共场合被四马分尸。这种陈旧的惩罚措施在启蒙公众中遭到了尖锐的批评：一方面是对人体的惩罚过于血腥残酷，尽管酷刑是一种寻找真相的手段，但是这种方式与当代人奉行的温和文明原则背道而驰；另一方面它们缺乏一致性和效率。意大利法学家切萨雷·贝卡里亚（Cesare Beccaria）在其著名的著作《论犯罪与惩罚》（*Dei delitti e delle pene*，1764 年）中，根据自然法契约概念提出了一种新的刑法概念，随后被许多司法改革者采用。贝卡里亚不仅支持引入刑法程序、废除酷刑并通过教育预防犯罪，还教导说，惩罚必须是一般利益导向，与恢复超验秩序无关。从这个角度看，死刑无法达到目的，而应替换为"教育"罪犯成为对社会有用之人的惩罚。偶尔施加的残忍惩戒酷刑被取代，更多采用的是具有教育意义、有经济效果并且可计算、可执行的监禁和工作惩罚，诸如关进监狱和强迫劳动等。人道主义化并不是 18 世纪刑法发展的全部特征；这其中同样涉及国家惩罚权的世俗化、合理化和执行全面化。

　　启蒙运动的另一个核心关注是学校政策。没有

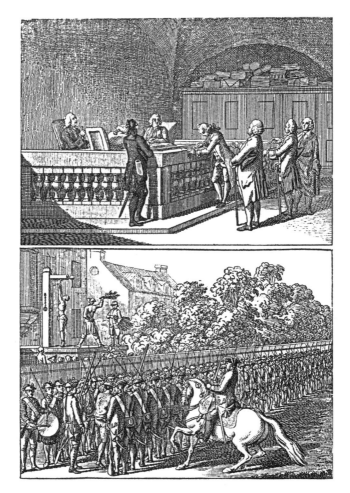

图 20　一些公开处刑的介绍:《法庭作出罚款处决》(上图),
《诚实的街道练兵和不诚实的鞭刑》(下图),版画,
丹尼尔·霍多维茨基,1774 年

普遍的扫盲，下层民众的进步启蒙注定要失败；没
有资质培训，就没有有效的官僚机构，也没有科学
技术新进展的传播。但是，学校在传统上不是国家
机构，而是教会、城市或庄园主的机构。贵族儿童
通常由宫廷教师在家教育；后来，男孩们被送往骑
士学院，女孩们有机会的话则被送到修道院学校。
市民阶级的孩子（也包括女孩）可以上城市或教会
学校；而为学术事业作准备的拉丁文学校和文理中
学只向男孩开放。农村的孩子很少上学，他们需要
在家里帮忙，这样的工作似乎不需要学校教育，而
且乡村学校的设施也很差。

　　但是，欧洲各国的基础条件大不相同；例如，
在 1782 年，整个俄国只有 8 所市立学校，而大多
数新教国家在宗教改革时期就已经经历了兴办学校
的浪潮。在天主教国家，包括大学在内的高等教育
几乎完全掌握在学校骑士团手中，特别是耶稣会士
和乌尔苏拉会修女。因此，耶稣会的解体为国家教
育政策注入了决定性的动力，他们试图追赶上新教
国家。而在许多新教国家中，18 世纪国家权力在
学校教育中的影响力也比以前更加显著。

　　最初，政府的举措主要集中在高等教育领域。
一些国家精英学校建立起来，用新的科学内容和方
法对许多大学进行了改革，最重要的是建立了新型

的教育机构，用以传递不断增长的科学技术知识，同时将对专业人才的培养纳入国家管辖，例如矿业学院、商会、工程学校或军事院校。自18世纪中叶以来，城镇和乡村的基础教育已成为系统性国家改革的对象。尽管国家无法摆脱教会和社会主体的控制，没有接管具体的学校，但是国家宣布了其对学校教育的责任，并对其进行统领和控制。其中重要的一步是建立中央的学校行政管理机构。例如，奥地利在1760年成立了"教育宫廷委员会"，波兰在1773年建立了"国民教育委员会"，普鲁士在1787年建立了"高等学校咨询委员会"，西班牙在1797年建立了"高级教育委员会"。在法国和英国，教育体系仍掌握在传统的主体手中，而奥地利已成为国家学校政策的"模范国家"。约瑟夫二世在1774年建立了覆盖全国的初等和中等教育（资金主要来自解散的修道院），将教师培训集中化，统一教材并实施普遍义务教育，大大提高了19世纪初期的人口识字率，是同期法国的大约两倍水平。

231　　启蒙运动的政治理想一方面是君主以明智的立法者身份出现，另一方面，君主自己要受这些法律的约束。但是，为了使"法律自我管束"，这些法律必须清晰、明确、一致、通俗易懂（也就是要用民族语言）。如前所述，传统的法律状况完全不符合这一理想；不同起源和范围的不同法律内容互相重叠：一些成文，一些不成文，一些特殊，一些普遍有效，一些是习惯法，而另一些是罗马法等。因此，启蒙运动改革工作的巅峰就是对一个国家中所有适用法律进行收集、记录、系统化和统一。在整个欧洲（西班牙、瑞典、俄国、托斯卡纳、巴伐利亚、奥地利和普鲁士），法学家和政府官员都在从事这一工作。这些编纂工作中最著名、最先进的要数 1794 年普鲁士的《一般邦法》（Allgemeine Landrecht），全称为《普鲁士国家一般邦法》，其意义甚至超越了 1786 年奥地利约瑟夫颁布的民法典。这两项法典的编纂计划都可以追溯到 18 世纪中叶，其目的主要是通过统一的法律体系将君主国的各个省联系在一起。

《一般邦法》非常好地体现了改革专制主义的可能性和局限性。它最初于 1784 年至 1787 年以《一般法典》（Allgemeines Gesetzbuch）的草案印刷本面世，不仅在启蒙专家圈中激起了讨论，而且受到了阶级、集团和学院乃至整个社会的关注。1791 年法律正式颁布时，政治气氛发生了变化：在普鲁士，弗里德里希大王之后，保守的弗里德里希·威廉二世继位；在法国，大革命爆发了。于是编纂工作被指责为平均主义和具有煽动性。编

232

撰者卡尔·戈特利布·斯瓦雷茨（Carl Gottlieb Svarez）和恩斯特·费迪南德·克莱因（Ernst Ferdinand Klein）都受到现代理性法精神的影响，他们被迫对法典进行了相当大的修改，使其最终以《普鲁士国家一般邦法》的新名称于1794年生效。

这部法典真的那么具有革命性吗？诚然，它只是辅助性的，也就是说，它没有取消原有的地方权利，而是对其进行了补充。然而，它确立了更广的统一性和法律确定性。斯瓦雷茨本人说过，立法必须"确立牢固、安全和持久的是非准则，尤其在没有真正宪法的国家中，一定程度上充当了宪法的替代品，要包含针对立法者的规则，在临时的法律中也不得违反"（斯瓦雷茨，《关于法律和国家的演讲》①）。实际上，该法典规定了国家与公民之间以及公民之间的所有法律关系。在某些段落中，它甚至约束了统治者自己的行为，例如禁止其通过"权力裁决（Machtspruch）"②干预司法程序。而随着法国大革命爆发，政治气氛发生改变，这些段落沦为批评的对象。同时，法典赋予臣民更大的法律确

---

① *Vorträge über Recht und Staat*, Opladen, 1960, S. 635.——原注
② 指君主或获得授权的相关人员不必遵循一般法律程序，实际上充当了首席法官，可以就案件直接作出判决，或命令法官作出判决。——编者注

定性，例如它保障了宗教自由和财产安全。从社会政治角度来看，它的部分内容非常现代化，例如单身母亲和非婚生子女的法律地位得到了明显改善。但是，既有的阶级特权制度丝毫没有被废除，反而变成了国家法律。个人的权利仍然差别很大，"平等"的理念只体现在：所有臣民都必须遵守法典。

《普鲁士国家一般邦法》的命运对应着启蒙改革政策的命运。一些始终贯彻法治国家改革意愿的开明官员经常左右碰壁。首先，君主本人没有作好限制统治权的准备；其次，传统贵族势力阻碍人们清除旧有特权，阻碍着市民阶级走向权利平等。

普鲁士各阶级对新法典的成功抗议只是其中一个例子。甚至还有更多令人惊异的案例：在丹麦，给身患精神疾病的国王治病的御医施特林泽推行了长达一年半的彻底改革政策，因教会和贵族的抵制而失败，他最终被推翻并被当作叛徒处决。在瑞典，古斯塔夫三世国王在1789年的议会中颁布一项法案，规定臣民在法庭上一律平等，并开放了几乎所有官职。他绕开了贵族的参与权，被贵族们斥为阴谋者，并在1792年被谋杀。前文也提到过法国高等法院成功阻挠了政府对经济、金融和司法改革的各种尝试。约瑟夫二世在哈布斯堡皇朝统治地区、匈牙利、波希米亚、布拉班特和奥地利世袭领地施

行的激进改革引发了一系列冲突、贵族造反和农民
起义，后来不得不由其继任者利奥波德二世撤回。

如果没有受波及一方（包括特权阶层和无特权
阶层）的参与乃至抵抗，必要的现代化措施就根本
无法充分实现。因此，一些政府认识到，通过某种
方式将臣民纳入其中非常必要，无论是要使改革合
法化，还是要了解各省的实际情况和特殊的改革需
求。这种新颖的磋商（主要是失败的）案例就是上
文提到的《一般法典》草案的公布。另一个轰动的
例子是1766年沙皇叶卡捷琳娜二世召集的立法改
革委员会。这个"委员会"由贵族、城市、集团和
农民代表组成。这个新成立的代表机构旨在为当局
提供必要的信息，以便系统地编纂法典和进行法律
改革。

和沙皇持类似动机的是托斯卡纳的利奥波德大
公在1783年制定的（未实现的）宪法草案。这部
草案是革命性的，因为它将国家与公民之间的关系
建立在牢固的法律基础之上。该计划规定了臣民的
代表权，和传统的阶级大会不同，代表应是由不同
经济"阶层（Klasse）"的人组成，即土地所有者、
手工业者和自由职业者。

但是，让一些启蒙者失望的是，这些参与方式
的目的都不是约束政府自身或分享其统治权。这一

切只是为了更好地向立法者提供信息，提高公众对改革和税收的接受度。那些新的议会代表机构只能通过革命的方式来确保真正享有自治权并监控政府。

"开明专制主义"后期爆发了法国大革命，促使整个欧洲的政府收回改革，加强审查制度，监督其臣民并操纵公众舆论。但是，从长远来看，革命战争迫使国家继续推行刚刚开始的经济、行政、司法和军事现代化政策。阶级反对派曾成功阻止过的改革，最终得以在 19 世纪成功实行——部分通过革命，部分通过改革。

第九章　革命的百年？

——起义、反抗和宪法冲突

骚乱、起义、颠覆政权的企图

重大事件（按时间顺序排列）

1737/1738	日内瓦首次群众起义
1745/1746	苏格兰起义
1749/1750	巴黎群众骚乱
1753/1754	巴黎高等法院首次放逐
1762~1768	日内瓦第二次群众起义
1766	马德里群众反抗专制改革起义
1768	英格兰议会冲突——约翰·威尔克斯事件，议会改革运动开端
1768~1772	波兰内战
1771	法国高等法院第二次放逐
1772	瑞典恢复专制统治
1773	波士顿倾茶事件
1773/1774	俄国普加乔夫起义
1775	法国饥饿起义
1775~1783	美国独立战争

1776	北美十三个殖民地宣布独立,《弗吉尼亚权利法案》出台
1780	英格兰戈登暴动
1781/1782	日内瓦第三次群众起义
1782	爱尔兰议会从英格兰独立
1784/1785	特兰西瓦尼亚农民起义
1784~1787	尼德兰联省共和国爱国运动
1787	美利坚合众国联邦宪法
	法国召开首届显贵会议，民众暴动
1787~1791	哈布斯堡家族统治下的尼德兰爆发反对约瑟夫二世的起义
1788	法国召开第二届显贵会议，司法改革
	布列塔尼和多菲内革命前夕
1788~1792	波兰四年制国会
1789	法国召开三级会议
	攻占巴士底狱——法国大革命爆发
1789~1791	列日革命
1790	托斯卡纳反改革政策暴动
	波兰五月宪法

237

1791　　　　　首部法国宪法

1793　　　　　路易十六被处决

启蒙的百年被看作为现代议会民主法制和宪法国家打基础的时代。其中包括不可剥夺的法定人权，公民平等权利的落实，建立在人民主权、分权制衡以及议会代表制等原则上的一套政治制度，以及一部比所有法律级别更高的宪法；后者确立了国家与公民之间的关系以及国家权力组织形式。

启蒙改革通过削弱阶级集团强化了国家权力，为其中一些原则铺平了道路。在此过程中，其中的部分原则似乎反过来通过阶级集团秩序得以实现，正如孟德斯鸠在《论法的精神》中所述，这是国王与各阶级之间的"分权"。然而，上文提到的现代宪法特征与所有早期的国家秩序存在根本上的不同。传统的阶级集团的政治参与的基础恰恰是法律在根本上的不平等。参加阶级大会及其衍生的一切政治机构（例如委员会、代表团等）要么是基于个人的参与权（例如某位贵族作为个人享有阶级议会的席位和投票权，他的"身份"是随其出身或通过出资购买获得的），要么是基于占据某个职位（主教代表他的修道院，市长代表他的城市，校长代表他的大学等），要么就是基于选举。而在拥有投票权的地方，例如英国下议院或法国的三级会议，并非面向所有臣民，而仅仅涉及特定的阶级集团。阶级会议的议事程序也基于阶级原则：由于成员具有不同的法律权力，他们分成重要程度不等的委员会（议院、宗教机关、理事会等），每个委员会独立运行，通常也无法相互替代。毕竟，这类参与方式的一个基本特征就在于，它们取决于以历史因素为基础并有案可稽的个体"自由"和特权，而不是源自一般的、抽象的和普遍的原则。在上述原则中，也出现了一些前所未有的全新事物。

18世纪末，对政治发展的评判变得如此复杂的原因在于，当我们回顾时，发现当时的人并不能明确区分新旧事物。真正革命性的诉求常常假装为对过去好的秩序的回归，反过来，为了捍卫旧有的特权，人们偶尔会使用一种革命性的新语言。洛克、孟德斯鸠和卢梭提出的政治思想竟然能被与之截然不同的甚至对立的观点当作论据引用。

法国大革命之前的那段历史就是一个特别好的例子。但这绝不是第一次爆发与"民族主权"和"国家自由"等新概念相关联的根本性宪法冲突。18世纪下半叶发生过许多高举此类主张的起义运动和推翻政权的企图。

北美殖民地起义

对于欧洲政治发展而言，极为重要的一个事件是英属13个北美殖民地的起义，它始于1773年对东印度公司垄断茶叶贸易的抵抗，1775年战争爆发，直到1783年宣布独立为新的国家——美利坚合众国。从许多方面看，美国独立运动也是欧洲历史的一部分。一方面，美国宪法之父们提出的政治思想源自欧洲的启蒙运动。另一方面，美国人将这些想法付于实施，又反过来作用于欧洲大陆，并改变了这里的政治气氛。

1776年，美国《独立宣言》提出造物主赋予所有人不可剥夺的权利，政府的出现正是为了确保这一点，从而使反抗殖民运动合法化。同年的《弗吉尼亚宪法》是美国的第一部州宪法，首次以法律的形式确立了一系列不可剥夺的人权。尽管《弗吉尼亚权利法案》的内容实际上并不像看起来的那么有新意，而是沿袭了英国法系的传统，例如1689年的《权利法案》，但它确实包含了一些根本性的新内容：过去所有法条是君主和阶级之间达成的协议，对应着特定集团的权利，与之相比，现在变成了"所有人天生都是同等自由和独立的，并天生享有某些权利"。这不单单意味着他们脱离了英国宗主国，而且意味着他们无须承担"所有英国人的权利"这一历史使命，这也对应着自然法的思想，即从人类个体出发，并将自然状态下的人类视为自由和平等的。但是，与更早的自然法理论相比，新的理论现在认为个人的自然权利是不可剥夺的：生命权、自由权、财产权和追求幸福的权利。此外，这些人权也不是基于传统或协定，而宣称是无可争议的"不言而喻的真理"。还有一个区别在于，它们构成了宪法的基础和组成部分，即根据人民主权和权力分立的原则行使国家权力。

人权不可剥夺，这一提法与激进的启蒙原则相对应，即所有人作为人是平等的，也就是说，人类拥有共同的人性（虽然常常按个体进行表述），例如理性、不断完善的能力、为幸福而奋斗等，尽管在民族、种族、宗教、阶级和性别方面存在事实性的差异。诚然，在美国各州的现实是不同的：只有具有一定收入或财产的成年白人男性才拥有平等的权利，妇女、奴隶、穷人以及经济依附者未被包括在内。但是，至少这以宪法的方式为未来确立了一个衡量现实的标准。

《独立宣言》起草于在费城举办的第二次大陆会议，于1775年由各个殖民地的代表组成。尽管聚集在那里的人都是成熟的政治精英，但他们必须得到广大人民的支持。为达到这一目的，他们不

图 21 《1776 年 7 月 4 日，北美 13 个殖民地签署〈独立宣言〉》，
油画，爱德华·希克斯（Edward Hicks），1840 年前后

再依赖英国传统宪法的精神，因为这些殖民地在英国议会中并未享有充分代表权，他们利用激进的自然法进行辩护：北美洲的殖民移民享有抵抗的权利，因为英国政府侵犯了他们的自然权利，他们认为国家意义上的纽带已经解开，从而处于自然状态，现在将建立时代的新秩序（novus ordo saeculorum）。实际上，独立战争期间遍布各地的民兵团和民族委员会，就吸引了广大的各阶层民众直接参与民主过程。尽管在随后几年中出现的大多数州宪法都撤销了所有的激进民主要素，并且1787年的美国联邦宪法最初甚至没有包括基本权利一章（直到1791年才补充了10个条款）；但是，这些都没有减损上述事件对当时欧洲人的影响。对他们来说这是一个前所未有的案例：关于社会契约的自然法构想已成为现实，人民似乎根据纯粹的理性原则自行建立了一个新的联邦国家。

欧洲的政治冲突

欧洲对美国独立战争的反应是巨大的，这不单是因为诸如拉法耶特侯爵（Marie Joseph de Lafayette）、塔德乌什·柯斯丘什科（Tadeusz Kościuszko）和弗里德里希·威廉·冯·斯托本（Friedrich Wilhelm von Steuben）等欧洲统帅与反抗者并肩作战，也要归功于本杰明·富兰克林（Benjamin Franklin）、托马斯·潘恩（Thomas Paine）、约翰·亚当斯（John Adams）和托马斯·杰斐逊（Thomas Jefferson）等美国学者和政客在欧洲宫廷和受过良好教育的公众面前为殖民地处境作宣传。美国的先驱们在欧洲引起热烈反响，因为这里的政治氛围正十分紧张。

人民的压力、战争的后果、广大阶层的经济困境、政府的财政困难、宫廷的铺张浪费、僵化的特权、未兑现或过于激进的改革——这些因素共同导致了许多国家原有秩序遭遇合法性危机。当时人们可以使用新的媒体和联系网络来讨论这些问题，并且可以在公共场合指名道姓地陈诉意见。美洲的殖民移民指出了"人民"是如何理性地思考、判断和成功地主导政治关系的构建。这使许多欧洲国家产生了深刻的"启蒙政治化"；欧洲历史上逐渐成熟的"宪法"如今被美国的先驱们所讨论。"自由"和"国家"成为主流概念，无论是掀起起义的农民，还是反对改革的贵族，抑或是革命的"爱国者"都使用着这种新语言。

最主要的是，备受尊崇的英国"古代宪法（ancient constitution）"——孟德斯鸠和伏尔泰等人都曾称赞其为自由的典范，开始受到越来越多的

抨击。1689年英国光荣革命确立了"国王在议会
中"的主权原则。自1707年以来，英格兰和威尔
士与苏格兰王国合并为"大不列颠"；从那时起，
苏格兰也始终在威斯敏斯特议会拥有一席之地，而
爱尔兰则几乎受到像对待殖民地一样的统治。英国
制度被认为是结合了君主（国王）、贵族（上议院）
和民众（下议院）的出色的混合体，它们之间权力
相互制约。但是，这种致敬古代混合宪法模式的构
想是一种粗糙而简单的理想化构想，几乎不适用于
现实政治。实际上，人民对下议院的影响力缩减为
一种集体选举制度，这种情况数百年不变，导致了
严重的权力失衡。首先，并不是每个英国人都有投
票权。其次，选举不是根据平均分配的选区，而是
根据特定的伯爵领地以及城市来进行的，这就导致
了一些几乎消亡的集镇拥有的议会席位与伦敦市的
一样多，反而一些人口稠密的繁华贸易城市在议会
没有席位。此外，众多非圣公会宗教团体的信众几
乎被完全排除在政治之外。王室对下议院选举以及
候选人都有巨大影响，因此，所谓的议会与政府分
权完全不存在。辉格党和托利党在下议院的冲突实
际上是政治社会精英的内部冲突，与之相比，议会
理论上所代表的"人民"几乎没有控制权。

　　七年战争后形成了这种关系的反对派，即议会

之外出现新的媒体、报刊、俱乐部和社团，对王室影响议会以及统治阶级的普遍"腐败"等现象予以谴责。当约翰·威尔克斯（John Wilkes）作为改革运动的先驱被选入下议院时，下议院直接将其赶走，并表明议院不愿接受改革。美国独立战争为所谓的"激进分子"改革运动注入了新的推动力。人们到处建立自由公民协会，要求作为选民要有监督所选代表的权利。选举制度必须得到监督，这一点获得广泛认同；与此同时，有些人走得更远，他们要求所有成年男子都享有普遍平等的选举权。这些主张基于人民主权的自然法理论，因此使议会的合法性基础成为反对其自身的论据。

激进分子的运动决不能等同于广大人民的诉求，但是由于各种经济和政治原因，1780 年伦敦爆发了长达数周的民众暴动，即所谓的戈登动乱，责任被归咎于激进分子。在英国被美洲的殖民开发者打败后，颇受欢迎的辉格党政客小威廉·皮特（William Pitt）出任英国首相，并数次试图提交议会改革的立法提案，但均遭到拒绝。随着法国革命的爆发和革命战争的开始，激进分子最终被视作敌人的同情者而声名狼藉。之后又过了三十多年，英国议会才通过一项根本性的改革来应对变化的环境（1832 年）。

与此同时，英国对改革的要求促使 18 世纪 70
年代末的爱尔兰也出现了一场运动，该运动得到了
新教盎格鲁—爱尔兰上层阶级的支持，并以美国为
榜样。最初，一方面害怕法国入侵，另一方面惧怕
占人口多数的受压迫的天主教徒，他们组成了志愿
军，这些军团在外部威胁结束后并未解散，成了对
抗英格兰的力量。人们最初的诉求是废除使爱尔兰
经济陷入困境的英国贸易垄断，但很快，诉求变成
了脱离伦敦的控制实现独立，最终，都柏林召开了
爱尔兰"国民代表大会"。实际上到了 1782 年，
他们才迫使爱尔兰议会正式从英格兰独立，而这种
独立只持续到 1801 年，实际的政治格局几乎未发
生改变。

同期发生在尼德兰联省共和国的所谓"爱国
运动"则针对联省执政/总督（Statthalter）奥兰
治的威廉五世的准君主制中央政府及其亲英格兰路
线。尼德兰联省共和国是一个经济强大的联盟，由
七个基本上独立的省组成（其中荷兰省居于首位），
其内部是按照阶级组织构造的。在各省，传统的
集团精英即所谓的执政/省督（Regent）共享统治
权。联省执政之"专制主义"的反对者最初有一部
分来自这些特权精英集团，因为他们担心与美国的
贸易利益受损。这导致了与老盟友英格兰的决裂，

后者于 1780 年对尼德兰宣战。与此同时，那些被排除在政治之外的市民阶级也发起了一场运动，他们看到了为自己争取政治参与权的机会。这些人自称"爱国者"，并首次超越省和地区界限向"整个尼德兰国家"发出呼吁。通过成立俱乐部和志愿军，这场运动在各省迅速传播，尤其是在荷兰省，逼得这位来自海牙的联省执政不得不出逃。他们也按照美国模式建立了"国民议会"，确立了人民主权原则。至少到此时为止可以明确看出，除反对联省执政外，"爱国者"与反对派的省督之间几乎再无共同之处。1787 年，反抗者与联省执政的军队之间爆发了武装冲突。"爱国者"获得了法国支持，而奥兰治获得了普鲁士的帮助，并最终在军事上获胜。结果是联省执政统治得以保留，"爱国者"被驱逐，尼德兰再次在权力政治方面加入了英国阵营，传统的阶级结构没有发生任何改变。然而，八年后的 1795 年，法国革命军入侵尼德兰，被原"爱国者"的追随者视作解放者而受到欢迎。

在某些方面有可比之处的是哈布斯堡皇朝统治下的尼德兰（即后来的比利时）的起义。同样，这个地区也由一系列拥有阶级自治大会的省组成，大会由城市和教会集团主导。与尼德兰联省共和国相反，此地多为效忠教宗的天主教徒；其与大西洋之间的贸易被切断，因此经济状况与繁荣的北部省份无法相提并论。尽管他们服从哈布斯堡皇朝统治，也没有北部邻国那种共和制的自我认知，但传统上他们享有高度的自治权。受到数百年历史的"权利与自由"思想影响，约瑟夫二世在中央层面引入了行政和司法改革，并推行教会政策以及贸易和商业自由化。1788年，在布拉班特省的领导下，人们发起了对"专制主义"的普遍抵抗；同年，税收被否决，最终产生了"国民公会（Nationalkonvent）"。人们认为，约瑟夫打破了君主和阶级之间传统的统治协议，人民是处于自然状态的，并宣布要脱离奥地利外族统治，实现民族独立。和尼德兰爱国者运动相似的一点在于，比利时的起义也是由各种不同的运动所组成。在"贵族"眼里，抵抗约瑟夫的进攻而争取到的自由是指阶级权利和特权；而其他人则旨在废除这些特权，并从根本上重组法律。在这一点上他们失败了：新皇帝利奥波德二世于1790年在军事上战胜了反抗者。但是他再次取消了约瑟夫施行的大部分改革，因此传统的特权结构起初未发生太多改变。法国革命军也在不久之后来到这里，帮助"民主主义者"的事业获得胜利。

　　关于18世纪后期政治冲突中的新旧力量，最后一个例子是波兰贵族共和国，它出台了欧洲第一部成文的现代宪法。由于波兰共和国（与立陶宛大公国结盟）内部结构薄弱，受到外国君主的控制，波兰国王宝座已成为权力政治的玩物（请参阅第一章）。在波兰内战（1768~1772年）中，一些波兰贵族结盟抵御俄国统治及其波兰附庸，最终导致波兰的第一次分裂，这是在重压下且受到贿赂的波兰国会自行作出的决定。而分裂造成的冲击又引发了坚定的政策改革。一套新的中央政府机构建立起来，军队、税务管理和教育体系也推倒重来——这一切最初都是在分裂势力的监督下进行的。波兰公众讨论了当时的自然法理论，并将其作为解决政治结构性问题的直接指导；卢梭凭借其1772年的著作《论波兰政府》（*Considérations sur le gouvernement de Pologne*）也参与其中。1788年组成的国会持续了四年，并起草了一部波兰共和国宪法，称为《政府法案》。该宪法于1791年5月3日生效，甚至早于第一部法国革命宪法。

　　这部宪法吸取了波兰过去的经验教训，并遵循了启蒙运动的政治思想。宪法赋予国会"国家主权"，使其成为一个强大而统一的立法机构，它将多数原则作为应遵循的程序，这样一来议会就不会再因某个成员的特殊意愿而瘫痪。它遵循三权分立的原则，将行政权委托给对议会负责的政府。国王的尊严并没有被废除，甚至转变成世袭的王权，以保护他们免受外来势力的侵袭。有了这些，就形成了高于一切的成文宪法，这一点颇具现代意义。但是有一件事没有被触及：阶级原则。以主权的承载者角色出现的政治意义上的"民族"不包含全体人民，它是由几个富有的贵族家庭和众多中小贵族组成的传统"贵族国家"。尽管依照法国模式，城市在1789年也能够在未来的议会拥有一席之地，但宪法并未触及农民的无政治权利状态，甚至也没有触及农奴制。然而，"贵族国家"声称已经实现了基于自然法的人民主权和民族自由的现代宪法原则。强大的邻国和一些波兰贵族与之越走越远，从而分别导致1793年的第二次分裂和1795年的最终完全分裂。

　　这里无法详细列举这一时期的所有宪法冲突和起义。无论是波希米亚和匈牙利的贵族叛乱，还是日内瓦、列日和亚琛的民众起义，都揭示了该世纪末弥漫的危机四伏的气氛。尽管以前也发生过类似的冲突，但现在冲突背后的政治语言已经发生了根本变化，提出诉求的媒体和传播形式也有所不同。人民委员会、爱国俱乐部、"国家民兵"以及国民议会开始纷纷在各地出现。在其中许多冲突中，特权阶层和非特权人民并不一定始终站在对立面。相反，阶级集团中的反对派为了反抗改革官僚主义，会暂时与新"民主"运动合作，双方都为实现各自的目标而争取对方支持。"自由"、"国家"和"宪法"这些术语含义丰富，因此也使事情变得容易。

法国大革命前夕

这一点在法国大革命前夕表现得尤为明显。最高法庭，也就是贵族官员，成功地向公众展示了其"国家"律师的形象，并宣称反对王权、为自由而战、反对宫廷专制主义。由于在1614年以后的法国，三级会议作为王国的代表机构不再由国王召集，因此高等法院争辩说，他们已取代三级会议成为国家的代表。大部分法国公众很乐意接受这一主张，因为对他们来说，王室的改革政策太模糊、总是动摇、前后不一致，长期以来都没有进入新的公共讨论视野。

此前已经提到（参见第八章），18世纪末的危机导致一些政府寻求新的更广泛的政治参与方式，以便对特权机构的抵抗采取必要的现代化措施。法国政府也是如此，它正面临着重组国家财政这一几乎无法解决的难题。借助新的代表模式，政府试图挫败高等法院，并提高公众对改革的接受度。首先，财政总监、瑞士银行家雅克·内克尔（Jacques Necker）迈出了大胆的一步，以美化的形式重新公布了国家预算，但这不过增加了人们的危机情绪［《致国王财政报告书》（*Compte rendu au Roi*），1781 年］。通过削减宫廷开支，将各种税费转交国家手中，内克尔在廷臣和税务官中树敌，不得不辞职。同时，国家债务继续因为国内外借贷不断增长。内克尔的继任者卡洛纳（Calonne）推动国王召开由"名人"（受尊敬的圣职者、贵族和官员）组成的大会，以赢得他们对一项激进的税制改革的支持（1787 年）。但大会的大多数贵族尚未作好准备。卡洛纳的继任者洛梅尼·德·布里耶纳（Loménie de Brienne）让巴黎高等法院通过税制改革的尝试也以失败告终。这意味着最重要的税法改革被否决了，因而要求召集三级会议，即整个王国，也就是现在所称的"国家"的传统代表大会。随着财政大臣解散高等法院，第一次骚乱爆发了。各省高等法院和众多公职人员声援巴黎法院。当时恶劣的天气导致庄稼歉收，随之而来的价格上涨使情况雪上加霜；1787 年秋天爆发了第一波血腥的街头冲突。政府投降并恢复了高等法院委员会。特权者认为这成功地将民众的危机情绪从他们身上转移开。中央政权的合法性丧失、对增加税收的普遍担忧让这些人从中受益，他们反对改革似乎是对人民权利和自由的捍卫。

接下来的时间里，政府和高等法院的权力斗争不断激化：国王试图通过多次亲临巴黎法院（即"御临终审庭"①，法文：lit de justice）来强制注册法律改革，其中包括一项剥夺旧法庭权力的司法改革，但却一次又一次遭遇失败。事实证明，王权已没有执行力了，甚至不能履行其偿债义务。传统的三级会议成了为改革奠定可行基础的唯一出路。

1788 年夏天，国王宣布来年 5 月 1 日召开三级会议。关于这次会议人们意见不一：如果会议和过去一样按照阶级划分，那么主导权仍然在神职人员和贵族手中；还是说应该按照完全不同的原则重新组织，让"第三等级"获得与其在民众中的人数占比相匹配的席位？与此前尼德兰遇到的情况一样，议会反对派和大部分民众的政治目标并不一致。法国高等法院和 1788 年底召集的第二次显贵会议都否决了所有程序修订案，并假称是代表全体人民的利益。针对这一事件出现了新的一波"爱国者"运动，并且在正在爆发的史无前例的传单之战

①　也译作"御临法院"、"国王行法"等，指国王坐在御座上行使作为法国最高裁判者的权力，以敕令形式制定法律，或迫使巴黎高等法院立即注册以前不予注册的文件。——编者注

图 22 《第三等级的醒来》，当时的版画

中占据了舆论引导地位。

　　在三级会议选举过程中，主要还是各个地方和集团的成年男性纳税者参加，共向政府提交了约4万份陈情书（Cahiers de Doléances），系统地列举了当时的弊端和改革要求。直到1789年各阶级聚集在一起开会，一场革命蓄势待发，而各方参与者都无法看清和控制整个过程和结果。众多因素交织在一起：危机四伏的经济状况、广大阶层的恐慌、对政府信任的彻底丧失、大多数代表坚定的改革决心、彼时还无法预料的开放的政治大讨论，以及一触即发的革命进程本身的行动条件——所有这些都导致启蒙理论最终以一种没有任何人能预料到的方式被付于实施。

　　法国大革命的历史并不是本书研究的对象；它需要单独的论述。我们不能像很长时间以来那样，将法国大革命简单地看作对启蒙运动理论的实际运用，同样的，也不能仅仅把它看作18世纪经济和社会发展的必然结果。整个事件更多遵循的是自身的发展节奏，无法通过之前的历史脉络作出准确的逻辑推导。这也意味着，法国大革命和与之相关的欧洲革命进程并不是对启蒙时期的简单延续，它们同时也意味着启蒙时期的终结。

第十章　启蒙中的矛盾和模糊地带

关于历史进程和人类天性的争论

大多数 18 世纪受过教育的人都认同自己生活在一个进步的时代。他们认为自己正处于一个持续的、按照规律进行着的、但还没有完成的过程：科学知识和技术对自然的掌控力在增加，人们的物质生活条件越来越好，举止更加文明化和人性化，更重要的是政治秩序更加公平、更加理性——人们是这么认为的。正如个体能够无限地接近完美，整个人类似乎也是如此。由于人们认为自己知晓这一过程的走向，他们也同时拥有了批判还不完美的现实的标准。

将这种乐观主义清晰表达出来的要数法国贵族、哲学爱好者和国民公会议员让－安东尼·孔多塞侯爵，他勾勒了世界历史进步过程的草图。在他眼中，人类不断完善的过程是符合自然法则的，他甚至认为未来是可预测的：他相信，最终能实现所有人的"完全平等"，包括个人的和民族的平等。孔多塞在 1793 年写作关于人类进步的草案，还对革命将进一步加快这一进程充满了信心，尽管当时 他已被视作革命的敌人遭到追捕而四处躲藏。第二年，他在狱中死亡，疑为自杀。

　　这个讽刺的悲剧故事就像是对启蒙与革命之间破裂关系的隐喻。但是，不是说革命的暴力特性刺激了一种对线性的、符合逻辑的和可预测的进步发展的信念。孔多塞的线性历史观不只是在今天看来存在问题，而是早在18世纪就已经引发了矛盾。

　　下面将介绍两个体现启蒙运动矛盾的例子：一个是围绕历史进程和人类天性的辩论，另一个是围绕奴隶、犹太人和女性的人权及公民权的辩论。

进步乐观主义

　　孔多塞从理性的胜利和人类思想的进步中看到了推动人性无限完善的驱动力。18世纪的其他思想家则发现了另外的规律在起作用。例如，苏格兰道德哲学家就教导说，人类历史遵照着一定的经济发展阶段演变，从狩猎、放牧和农业文化发展到现代的劳动力市场分工。无论这些发展概念在具体细节上有何不同，它们都是基于这么一种过程经验：其一，这个过程不是偶然且毫无规律的，因此原则上是可以预测的；其二，方向是不可逆的；其三，关系到的不仅仅是个别民族或欧洲，它涉及整个人类。

　　将历史看作唯一且伟大的内在性进步历程的观念，绝不是自然产生的，它恰恰是启蒙运动的特性。在传统的基督教历史观看来，历史的统一性体现在上帝的救赎计划中，它从创造第一个人类开始，在上帝和人类的旧约和新约中不断延续，随着耶稣基督的回归迎来最后的审判而终结。此生的一切都遵循着固定不变的上帝准则，人类的行为不过是在救赎计划的两端之间随意摇摆。在这个意义上，人类的此生世界亘古不变。因此，历史可以充当永恒的道德榜样。与基督教历史神学相比，启蒙的历史概念则代表了一种彻底的变化。救世史的条条框框被突破了，人们期望得到的救赎如今已经转移到世俗的历史进程中，并展望开放的未来。和过去期待上帝以及来世的救赎那样，人类行为本身和人类本性的发展被赋予了同样的救赎效果。

历史是统一的主体——作为一个整体的"人类"——在世界上的普遍发展脉络。在这一全新判断的背景下，一些新的经验出现了：原先熟悉的理所当然的事物开始受到质疑，物质生活条件迅速变化（至少在上层阶级），在欧洲殖民者的统治下，地球上相距遥远的地区融合发展成经济共同体。对欧洲以外陌生文化的不断熟悉，也为历史观和自我形象的变化注入了重要的助推剂。

18 世纪的欧洲着迷于异国情调。一方面，埃及、波斯以及尤其是中国这样的古代文明被视作精致文明和开明政治秩序的缩影。另一方面，人们在印度和太平洋的"原始民族"文化中发现了探索其自身历史起源的钥匙。人们相信那种自然状态就在眼前，自然法理论家基于对其的假设建立了相应的哲学体系。洛克曾说："世界始于美洲。"陌生民族的习俗与欧洲文明的各个阶段被置于同等位置，因此，环游世界者就相当于穿行于整个人类历史中。弗里德里希·席勒（Friedrich Schiller）说到了点子上：对地球上其他地方的新发现，"向我们展示了各种部族，对应着我们身边形形色色的教育阶段，正如在成长过程中各个年龄段的孩子，并让他们回忆起过去和现在的样子"（《研究通史的意义和最终目的是什么？》，1789年）。在18世纪，个人发展与整个人类发展之间的这种类比有各种表现形式。这就难怪丹尼尔·笛福（Daniel Defoe）的《鲁滨孙漂流记》（1719年）成为当时最成功的小说之一了，因为故事讲述了主人公通过自己的力量重新创造了文明。

借助"人类历史"的各种概念，关于世界其他地区和时代的丰富知识不断增长，并得到整理和汇集，从而形成了一种有目标的整体进程，一个统一的整体。尽管其他民族对人类整体进步的贡献获得了恰如其分的承认，但当时的欧洲人对这些概念的认知通常还是出于对自身文明成就的自豪感。历史学家忙着研究所有促成人类物质和精神变革的事物。比起战争和征服，他们对火的发现，对面包、印刷机、汇票和怀表的发明更感兴趣——一切时代和一切民族的成就如同众多的小溪汇聚到广阔的文明大潮中。而在这种"通史"框架外的则是那些没有对人类整体作出贡献的文化和民族，因此并不"值得注意"。

对文明的批判

新的"历史哲学"（由伏尔泰提出的概念）包含一定的标准，可以用来衡量各个文化。这个标准其实就是欧洲中部自己的文明，它正意图在世界范围内确立文化霸权。然而这种观点并不是唯一的。其他文化也可以充当批判自身文化的镜子。例如，在已经提到的孟德斯鸠《波斯人信札》中，作者装扮成外国旅行者，他惊讶地对欧洲人莫名其妙的习俗进行报道。伏尔泰在《天真汉》（1767年）中所描写的身在欧洲的质朴的北美休伦人也服务于类似的目的：他把角色描写成质朴且充满可塑性的自然人，他能够不带偏见并保持距离地观察欧洲文化的优缺点。这些外来陌生人的形象为欧洲人提供了一种用陌生视角探索自身文化的手段。但是，这并不意味着他们要从外国文化中找寻新的善良和正确标准。

让-雅克·卢梭的两篇文化批判文章向这个方向迈出了最重要的一步，它们分别是《论科学与艺术》(*Discours sur les sciences et les arts*，1750年)和《论人类不平等的起源与基础》(*Discours sur l'origine de l'inégalitéparmi les hommes*，1755年)。两篇文章都是对第戎学院设置的有奖竞答的投稿，而这两次回答都使评奖委员会失望。当被问到艺术和科学的进步是否有助于净化道德时，他作出了否定回答，而没有像人们期望的那样去描述他们的文明已经达到高度完满的状态。虽然他仍然获得了嘉奖，但他的回答引发了社会的强烈反应。当被问及人与人之间的不平等是基于什么以及它是否符合自然法则时，他提出了社会不平等的基本理论，并将其归结为原始人性腐败的结果。在他看来，文明的进步似乎是人类对自身、对善良的天性、对无欲无求、对独立和强大的逐渐疏远，反之亦然：人为需求和依赖的产生导致了人类的奴役。然而，卢梭的座右铭"重返自然"不应被简单按字面意思理解，就好像他认为回归自然状态是可能的似的。他认为，在他所处的文化腐坏的时代，更需要高度的人为结构（教育或政治结构）才能使人们再次达到自我的更高水平。这样的结构在他的《爱弥儿》和《社会契约论》中得到了详细阐述。

如上所述，卢梭的文化批判在他所处的时代，在受过教育的阶层中引起了巨大的共鸣，即使人们的意见并非完全一致（参见第六章）。在这种"自然"之理想中，许多人可以找到他们寻找的东西。就像一个巨大的容器，它包含了法兰西洛可可宫廷文化或现代大都市文明所缺失的一切事物。对"自然状态"的崇拜使得当时游记中所描绘的异域原始民族以全新的形象出现：他们不再是未经开化的可怜的野蛮人，处于人类进化的较低级阶段，而是仍然接近原始天堂状态的"高贵野蛮人"。

18世纪下半叶的探索之旅，特别是詹姆士·库克（James Cook）和路易斯–安托万·德·布干维尔（Louis-Anne de Bougainville）对南太平洋岛屿的发掘和描写，为这种"高贵的野蛮人"概念提供了新的活力。这些旅行与早期征服和殖民之旅不同，它们不带有传教使命，最初也没有导致对当地居民的经济剥削、政治压制甚至种族灭绝。至少殖民的意图不是第一位的；当时更多的是对陌生事物，对风景、动植物以及人类的科学研究。无须为了证明自身对土著人野蛮行为的正当性，而将其妖魔化为野蛮人。与以前相比，他们对陌生事物的态度更多的是不带成见的好奇心。库克和布干维尔不仅为他们的旅行见闻画了无数的旅行素描，搜集了自然历史收藏品并进行介绍，还撰写了旅行杂志，它们成为畅销书，吸引了众多读者。此外，他们俩还将土著人从新发现的塔希提岛带到了欧洲：1746年，布干维尔在巴黎沙龙展示了他的旅行同伴Aotourou，并为自己让岛民脱离土生土长的环境这一行为进行辩解；1772年，库克把一位名叫Omai的岛民介绍给了伦敦社会。受过教育的欧洲人对此反应各异。一方面，许多人像参观和惊叹其他异国景点一样看待这些岛民，即就像在宫廷和沙龙中早已流行的那样，将这些黑种人当作"有色奴仆"对待。欧洲人想知道为什么这些"野蛮人"很难与他们交流，却没有意识到这个问题对他们自身也适用。另一方面，一些启蒙者也试图去理解他们本身的样子。布干维尔关于Aotourou到访巴黎的报告就是一个很好的例子，表明人们开始对陌生的思想有了新的理解，并提供了一种"人种学视角"，即认识到学习一门语言是非常困难的，因为它背后是完全不同的经验世界和概念体系。

上述观念的背后是强烈的、努力排除偏见的人类学视角，它希望通过研究外国文化来了解人性本身。大多数启蒙者都认同人类是一个物种，这种理解不仅是从《圣经》中的原始夫妇的角度出发的，而且也建立在全人类共有的生理和道德本质之上。人与人之间的多元差异的根源是什么，对此的回答大不相同。当时还没有普遍接受的科学理论，但是已经存在许多相互竞争的假设和分类尝试。人们当时还不像后来19世纪那样确切地知道哪些区别是本质性的，哪些区别是偶然性的，以及原因和影响是怎样的。最主要的是人们还没开始通过天生的、不可改变的身体上的区别将人类分成特定的种族，并认为这些种族对应着文化和精神上的优点和缺点。相反，人们对可观察到的差异抱有相当程度的开放态度，并试图将其与同样多样化的外部因素相关联。人们认为，自然和文化环境，例如气候、景观、饮食、经济、习俗、教育等，不仅影响着人类的心理，还影响着身体特征。18世纪有两位特别有影响力的作家将这一观点推而广之。一位是孟德斯鸠，他在《论法的精神》（1748年）一书中从过去和当下探索影响各个民族的因素和规律及其联系。另一位是布丰，他在36卷的《自然史》（1749~1804年）中首次将人类视为自然历史的对象进行研究，并根据各种生理和文化标准将其按"种族、物种和变种"分类。如果说存在共同的人类本性，那也就意味着，这种天性最突出的特征

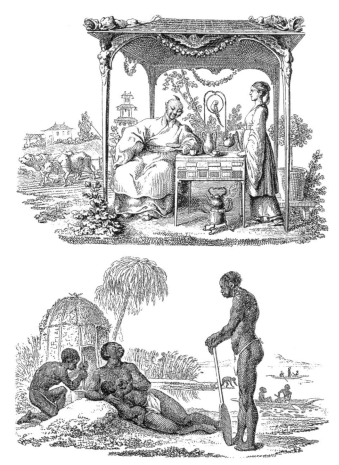

图 23 《人类的变种》，版画，丹尼尔·霍多维茨基，1782 年

恰恰是其本质的不确定性，是它对各种外在影响、对教育和自我教育的开放性。这不仅适用于各民族之间的差异，而且适用于阶级以及性别之间的差异（见第六章）。它们都受到外部环境的影响，并随着环境的变化而变化。

对其他民族生活方式、习俗及法律多变性的深入研究，引发了 18 世纪一些人的根本性反思。对陌生事物的认知使得他们开始用外国人的视角，即以"相对的"视角来看待自身的欧洲文化，认识到其文化只是特定环境的产物。结合卢梭所倡导的对文明的批判态度，可以得出一个结论，即自身的文化不能毫无疑问地成为一切其他文化的标准。这里的"其他文化"不仅指世界其他地区的民族的文化，也指欧洲过去的历史。

从这个角度来看，孔多塞的进步乐观主义就无法维系了。神学家约翰·戈特弗里德·赫尔德（Johann Gottfried Herder）从根本上质疑了启蒙运动的历史观并责备了他的同时代人，认为他们充当了无所不知的法官来审判过去几代人是不公平的。他论述道，认为自身超越了其他时代的人类，并将他们贬低为后来者的"开路人"和"奴仆"是自以为是的。他接着说，每个时代都有其自身的标准，不能用当时还不存在的标准来衡量它。

从狭义的历史观点看，主要是当时出现了对法国文化霸权的拒绝态度和一种新的"民族"文化自觉意识，这种现象到了19世纪伴随着浪漫主义和历史主义而广泛传播。18世纪末，在欧洲许多国家（原因各不相同），例如在匈牙利、波兰、哈布斯堡统治下的尼德兰以及瑞士已经出现了苗头。在德国，这一意识伴随着艺术上的狂飙突进运动浪潮，将个人的天赋才能置于所有经典规范之上，其表现形式是对过去一些被低估的时代和风格进行彻底的重新评估。例如，中世纪的哥特式教堂重新获得认可，传说中的古代凯尔特诗人莪相（Ossian）受到追捧。在所有这些重新评估的背后，是对专横的普遍规范的拒绝，以及对个体及单个民族自立的呼唤。

启蒙运动思想本身带来的结果，恰恰也使它没有放过对自身的批判。因此，顺理成章地，逻辑上对人类稳定进步的乐观信念也沦为批评精神的猎物。因此，认为人类不断进步的乐观理念也合乎逻辑地成为批判精神的牺牲品。18世纪就是矛盾的：不仅存在着人类历史就是不断进步完善的过程这种欧洲中心主义思想，同时也开始出现批判这种思想的论述，即主张要看到陌生事物的独特价值，努力去理解和自身不同的价值。而这反过来又为质疑启蒙原则铺平了道路。

人权和公民权利的界限

回到上面提到的孔多塞。对于他和许多同时代人来说，考虑到当时正在爆发的法国大革命，启蒙运动似乎从一开始就致力于使人们摆脱不平等的法律束缚。从这个角度看，人类的进步启蒙不仅是批判性的自我反省和越来越公正、明确的认知，不仅是对物质生活条件的实际改善，而且是对普遍的人权和公民权利的落实。正是由于这一需求直到今天仍未得到满足，人们才将 18 世纪看作最重要、最有价值的遗产。以今天的视角看，这当然是合理的。但是，如果假定当时的人始终坚守着这一目标，那么就还是扭曲了 18 世纪的思想和行动观。国民的普遍平等权和人权的概念随着 18 世纪的时间推移才逐渐得以具体化（参见第九章）。启蒙者是否真的一以贯之地提出这一诉求，将从以下三类人的境遇加以说明：犹太人、奴隶和妇女。

犹太人

即使在启蒙时代，犹太人及其宗教也没有受到基督教世界的赞赏。不过，18 世纪已不再对其生存构成极端威胁，像中世纪晚期那样的大屠杀已不再发生。15 世纪，犹太人被从世代生活的伊比利亚和中欧聚居区驱逐到东欧和意大利北部，随后又陆续返回中欧。到了17世纪，乌克兰爆发了对犹太人的残酷迫害，迫使他们开始在法国和英国定居。18世纪，欧洲几乎到处都有犹太人社区，例如法兰克福、沃尔姆斯、伦敦、阿姆斯特丹、波尔多、梅斯、维也纳、布拉格、威尼斯和里窝那等，还有"乡村犹太社区"将分散在乡村地区的犹太人组织起来。然而，在任何地方他们都是边缘群体，随时面临被驱逐的命运，也没有安全的法律地位。当局可以接纳所谓的"受保护的犹太人"，只要他们能够定期支付高额的保护金。

像阶级社会的其他群体一样，犹太社区也被赋予了一定程度的集体自治权，这使他们能够自行组织税收并管理日常生活。这种广泛的集体自治不仅符合当局的利益，因为这有利于他们获得犹太人的财产，而且在很大程度上也符合犹太人自己的利益，因为以这种方式可以维护他们的文化宗教特征。所有犹太人的日常生活都受到各种宗教法律的影响，而这些宗教法律只能由他们自己的拉比来维护。同时，犹太人对经典的研习，即对《妥拉》和《塔木德》的研究，只能在自己的学校和教学机构中进行。犹太社区中有犹太会堂、仪式用的浴室、犹太面包房、自己的福利中心和墓地。他们由自己选择的首领领导，但后者必须经基督教当局承认。传统上，犹太社区集体非常团结，因为所有成员要获得居住许可都必须按时向当局纳税。

犹太社区自治的另一面是传统上基督教世界对犹太人的排斥。犹太人不得与基督徒通婚，他们在城市或领地不享有公民权利，不能从事行会组织的手工艺和商业，也不能担任公职，而且他们也不被允许拥有土地。简而言之，他们被排除在绝大多数就业机会之外。因此自中世纪以来，他们就依赖于贸易、货币交易、房贷和典当以及其他一些专营经济。甚至在 18 世纪，犹太人公开露面还必须佩戴外部标志，例如在外套或帽子上佩戴黄色圆环以示为边缘人。

自 17 世纪以来，欧洲的犹太人开始日益分化：一方面，一小部分富有且拥有特权的犹太商人、银行家和"宫廷犹太人"①崛起；而另一方面，完全没有权利和金钱的犹太下层阶级稳步扩大，从长远来看，这种趋势影响了犹太社区的聚合力。少数的犹太家庭作为服务于宫廷的商人、银行家和供应商，对于欧洲君主国家的发展和宫廷的辉煌发挥着重要作用。他们为其提供原本难以得到的东西，例如金

271

———————————

① 即将钱或实物租借给欧洲王室贵族并收取利息，由此获得政治特权和尊贵地位的犹太人特权阶级。——编者注

钱、珠宝或毛皮，担任非正式的使节职务，承揽国家造币业务等。他们因此享有一定的特权地位，可以免除当时面向犹太人的大部分禁令。然而，这种卓越的社会地位始终岌岌可危：特权可以随时撤销，贵族的债务可以随时一笔勾销，他们尽管拥有财富，却仍需完全依附于君主的青睐，也因而被君主赞赏为可靠的工具。整个18世纪，尽管宫廷犹太人拥有特殊的社会和法律地位，但他们经常与所在的社区保持亲密关系，并成为社区和基督教统治者之间的联系纽带。直到18世纪末，改信基督教才变得频繁起来，对其的文化认同也更强烈。

另一方面，欧洲社会广大犹太人的苦难也越来越严重。由于大多数统治者仅为具有经济实力、缴纳高额税款的犹太人提供居所和保障营业，并不断收紧条件，不满足这些条件的犹太家庭越来越多，他们既没有生活保障也没有居住权。这就必然导致越来越多的犹太人被迫脱离社区生活，成为无家可归的乞丐和流浪者，永远处于非法状态。上述两个趋势——犹太上层的同化和下层生活的恶化——都表明传统犹太社区遭到了严重削弱。

启蒙运动对犹太人的态度绝不是统一和明确的。许多启蒙者也持与民众一样的由来已久的反犹观念，而且他们对严格的犹太宗教教义尤其没有好感（参见第四章），并谴责意第绪语 ① 是未经教化的胡言乱语。即使在启蒙者中，犹太人也被认为"道德败坏"、贪得无厌和擅于欺骗。基督教传统上将犹太人称为"基督的谋杀者"，这是不可改变的圣经历史角色，而现在人们开始将"堕落"归因于犹太人的法律地位以及卑鄙的行为，这则是可以改变的情况。凭借启蒙运动典型的国民教学热情，人们也想"改善"和教育犹太人了。

启蒙运动所要求的宽容和公民权利并没有将犹太人排除在外。特别是在英格兰，犹太人和基督教异议者一样都是宽容法则的受益者，他们的情况比在欧洲大陆好得多。他们在那里可以自由选择职业和住所，没有和基督教世界完全隔离开，当然也没有了庞大的社区自治权。1753 年，议会甚至通过了一项法律，规定所有犹太人在英国居住满三年后可以申请正式公民身份［《犹太归化法案》（Naturalization Bill）］。但是，这项在整个欧洲史无前例的法案引发了各阶级前所未有的骚乱，不得不予以撤销。

此后又经历了相当长的时间，欧洲大陆才开始提出广泛的法律平等主张，也包括受到启蒙的

① 意第绪语属于一种混合语言，采用希伯来字母拼写，语法结构由日耳曼方言演变而来，主要是东欧犹太人使用。

开明官僚精英。普鲁士政府官员克里斯蒂安·威廉·多姆（Christian Wilhelm Dohm）在柏林"星期三社团"与摩西·门德尔松过从甚密，并于1781年在《关于改善犹太人市民地位》（*Über die bürgerliche Verbesserung der Juden*）一文中首次公开谴责了几百年来对犹太人的不公正待遇，主张他们享有平等权利，从而引发了欧洲范围内的大讨论。在这篇至今仍然被看作"解放犹太人的圣经"的文章中，作者秉持着启蒙运动批判偏见的精神驳斥了通行的反犹刻板印象，并追踪其历史原因。接着他阐述了自己的改革计划，认为应当同关注整个国家福祉一样也关注犹太人的幸福：犹太人应该享有与所有臣民相同的权利。他们应该自由地信仰自己的宗教，并有权从事所有职业，如手工业、艺术、科学，尤其是农业。只有致使他们陷入当前处境的商业，应该予以适当控制。最后，多姆同时明确要求保留犹太人的社区自治权。

多姆的著作不仅受到国家利益主义的启发，而且也与对犹太教神学和历史的正确理解有关。他的观点同时受到了强烈的反对和认可。但是，欧洲没有任何地方完全实现了他的计划。尽管一年后约瑟夫二世开始实施的犹太政策取消了对职业和住房的限制，并试图鼓励犹太人从事农业和手工业，但它保留了保护金原则。其他统治者也采取了类似的改革方案，主要目的是将犹太人教育成有用的臣民，如农民和手工业者，从而避免遭到他们的反抗。法国大革命也在1791年书面承认犹太人是拥有同等权利和义务的法国公民。但是与此同时，这也意味着他们失去了特殊的集体地位，无法像多姆所要求的那样通过自己的管辖权和自治权来维护其宗教文化特征。

　　总的来说，启蒙运动对欧洲犹太人的影响是非常矛盾的。一方面，与敌对的基督教世界的隔离造成了犹太人内部的封闭，使其几百年来形成了强烈的传统意识、自我归属感和文化认同感。另一方面，少数犹太精英社会地位得以提高，并参与社会媒体和公共传播，从而开启了犹太人与基督徒之间的知识交流，使犹太知识精英也参与到启蒙运动中（参见第四章），成为权利平等思想的开端。但是当权利平等真正付诸实践时，则需要以放弃犹太自治作为代价。犹太社区的结构与原有阶级集团社会的法律关系相适应；而在现代公民社会中，犹太人的社区自治则被看作"国家中的国家"，这违反了市民阶级平等原则，不再被容忍。犹太宗教应当与其他宗教一样，纯粹是其信徒的私人事务，不能再为合法的自治地位辩护。而这最终威胁到的是传统的犹太身份这一核心。

奴　隶

18 世纪末的"奴隶制"是启蒙运动抗争对象的缩影：对未成熟事物的强迫、剥削和压迫。这个词不仅针对非洲奴隶贸易，还涉及所有形式的非法统治，这无疑也包括发生在欧洲的情况。一些人占有他人的人身作为财产，这看起来和普遍的、平等的、不可剥夺的人权原则相背离。但实际上并非总是相背离的。

在欧洲历史上，各种形式的人身不自由，例如债务奴役或农奴制，有着悠久的传统，对其合法性的辩护也由来已久。源自亚里士多德的古老观点认为自由人与奴隶之间存在天生的差异；民族维权者利用其为战争中的征服权辩护，由此得出战争获胜者能够奴役活下来的囚犯及其后代的结论。在基督教的传统中，个体的不自由虽令人沮丧，但也是人类堕落不可避免的后果，从而需要统治和奴役来限制人类的弱点。

与欧洲的个体奴役形式相比，压榨非洲奴隶的种植园经济（18 世纪世界经济蓬勃发展即以此为基础）呈现新的特点。欧洲，当中主要是英国企业主，从非洲沿海地区商人和部落首领处购买了大批来自内陆的劳动力，并用棉花、朗姆酒甚至枪支等廉价大宗商品进行交换。他们将这些人运到美洲和加勒比海地区，并以高达300％的利润率将其出售给种植园所有者。这些奴隶的劳动力是全球商品贸易的基础，包括糖、烟草、棉花、大米和靛蓝染料。种植园经济是剥削人类劳动的一种极端形式，甚至到了剥夺生存权的地步。殖民地奴隶的生育率极低，需要不断提供新的补给，从而使奴隶贸易不断发展。但是从长远来看，这种种植园模式非常不经济，因为它破坏了自然和人力资源。18世纪下半叶非洲奴隶的价格升高，就算是出于经济原因考虑，给他们提供人性化的生活条件也是有意义的。

欧洲启蒙运动并没有从一开始就明确批判奴隶制。相反，正是自然法理论的各种论证模式证明了把他人当作财产的合理性。对于普芬多夫及其后继者的自然法学派而言，这不存在问题；他们用参与者之间达成的沉默契约来解释严苛的奴役制度。就算是洛克的自然法理论为普遍和不可侵犯的人权奠定了基础，也能够用他的理论来解释奴隶制，因为可以将奴隶制确立为虚拟的自然状态，从而使其像其他任何私有财产一样不受侵犯。洛克本人曾投资皇家非洲公司，他根本没有想到奴隶会获得全面解放。甚至美国独立运动的英雄本杰明·富兰克林到了1750年也还拥有自己的奴隶。在美国，还有诸如贵格会这样的激进宗教团体零星地对奴隶贸易进行激烈的批评，而起初在欧洲几乎没有任何辩解的压力：非洲奴隶距离遥远，人们起初根本不了解他们的命运。欧洲的少数黑人是从殖民地返回的英国商人带来的条件稍好的奴仆。这些回到欧洲的商人把奴隶贸易和种植业抛在身后，过着富裕的英国绅士生活。

直到 18 世纪下半叶，针对奴隶制经济的批评才有所增加。这其中混杂着经济和人道主义动机。一方面，亚当·斯密和重农学派等经济理论学者已经认识到，奴隶制是生产力最低下和最昂贵的劳动形式。当发现自利是人类行动的最强推动力后，现有的仅靠强迫工人身体而非自身经济利益来驱动的生产关系就显得不合理了。人们认识到，种植园经济中实行的极端奴隶制形式是不能长远的。

另一方面，该世纪下半叶，除了经济方面的考虑，根本的人道主义观点也越来越强烈地认识到，奴隶制是对普遍、平等和不可剥夺的人权的严重侵犯。由于原则上人是彼此平等的，都是"兄弟"，因此任何人都不应合法地获得对他人的所有权。伏尔泰告诉他同时代的人，黑人奴隶的反抗和欧洲被压迫人民争取自由一样，都是合法的。直到这时，一直为英国市民向王权争取自由权利提供论据的洛克自然法理论才得到了根本性的普及，并成为反对奴隶制的论据。用主仆之间的自愿契约为奴隶制进行辩护的说辞也行不通了。在卢梭看来，所有人不仅天生自由平等，而且其自由和平等的权利也是绝对不可剥夺的。如果放弃了，也就放弃了作为人的权利。

法国启蒙运动将"奴隶制"一词用作压迫和束缚的比喻。伏尔泰和卢梭等启蒙者关注的不是种植园奴隶制，而是欧洲的那种不合法统治和人身不自由。直到 18 世纪 70 年代，黑人在殖民地的生活境遇才真正引起欧洲公众的注意——纪尧姆 - 托马斯·雷纳尔的作品《东西印度欧洲人殖民地和贸易的哲学与政治史》（*Histoire des deux Indes*）引起了轰动，几乎翻译成了所有欧洲语言，狄德罗也匿名参与了编写。这套书的最终版本包含十卷，它不仅像标题所述包含东亚和加勒比海的历史，而且尤其具有里程碑意义的是，它还通过不同来源汇编了关于亚洲、非洲、南美洲、中美洲和北美洲的情况，既描述了欧洲人在那里的发现，也对他们通过殖民扩张所做的一切进行了控诉。最后对美国革命的描写成为充满希望的结局。纵使 1781 年法国审查机构对此书发布禁令，也不能阻止这部百科全书式的著作成为 18 世纪最畅销的书籍之一。此外，作者还向欧洲公众详细介绍了种植园的黑人奴隶所遭受的苦难，并引发了众怒。废除奴隶制运动得到了极大的推动，1788年成立了"黑人之友（Amis des Noirs）"协会。法国大革命初期，雷纳尔以及孟德斯鸠、伏尔泰、卢梭和马布利（Mably）的著作甚至被视作革命爆发的主要助推剂。

然而，在这部内容差异性很大的作品中，启蒙运动对奴隶制的态度显然是矛盾的。许多段落都以极大的热情宣誓挣断所有枷锁，预言解放所有压迫。而有的段落则从欧洲经济利益出发，仅要求改善奴隶的生活条件。文中要求有效地控制奴隶主，以消除专制"虐待"，要求改善奴隶的工作条件，激励他们为自己的利益工作。当黑人觉得工作有价值，对获得的报酬感到满意，就不会存在逃亡或起义的牺牲，他们会更加勤奋地工作、建立家庭，从而更好地为种植园主及其贸易伙伴服务。在18世纪人们普遍相信这一点，即一切贸易，包括殖民贸易，都在为人类的进步，以及民族间的和平与谅解作贡献。

雷纳尔和其他启蒙学者提倡的改善奴隶状况的计划，与如何对待欧洲自身的"平民"存在一些相似之处（参见第二章和第五章）。呼吁人们从不成熟的状态中解放出来绝不能从字面意思上理解。启蒙者对农村人口及城市下层阶级的态度通常表现为吃惊和缺乏理解，甚至是轻蔑。即使是坚定的大众启蒙者，也常常无法理解为什么"人民"如此抵制他们的启蒙运动和经济进步。他们作出的教育努力常常徒劳无功，因为他们没有考虑到农民或底层人民的生活和经济状况受到不同规则和约束的影响。

另外，许多大众教育者也担心太多的启蒙教育也有负面效果，会让农民、工场工人和手工业者对他们的状况不满。因为一般大众教育的目标通常是使人们摆脱苦难、贫穷和迷信，而不是摆脱其先天的地位。要改善他们的谋生方式和生活条件，使他们对自己的命运感到满意，因为整个社会的福祉就取决于他们的勤奋工作。因此，大众启蒙运动必须非常谨慎和"适度地"开展。1780年，柏林科学院提出这一基本问题引发讨论，并在达朗贝尔的提议下发布了有奖竞答：欺骗人民是否有用。百科全书学者达朗贝尔本人虽然坚信否定的观点，但是与其交往的弗里德里希大王以及许多同时代的人都同意欺骗人民是有利的。相当一部分偏见是有意义的，尤其是一些宗教观念，它们能使人们更容易忍受他们无法改变的命运。如果通过极端的启蒙方式来消除它们，就既显得无情，又危害社会的和谐。乐观派的大众启蒙者则反对这一观点，他们认为启蒙运动会使人民变得富有，自豪于他们对社会的重要作用，同时又对自身现状感到满意。自由绝不意味着摆脱所有限制，而是让人们更乐意去承受它们。

直到革命前，很少有人想过立刻真正地完全消灭等级制度，达到社会的完全平等，也没人想过彻底废除奴隶制。在面对启蒙运动的一切自由言论时，都不能忘记它其实是一场范围相对狭窄的知识精英运动，而大部分人还是精神未开化的欧洲农民和"蒙昧"大众。

妇 女

启蒙运动的自由和平等理想终于触及了另一不可言说的边界。甚至像卢梭那样提出了激进社会乌托邦理想的人，也一度相信人类存在着天生的不平等，因而由此产生了法律上的不平等，即男人和女人之间的不平等。

在古代政治制度世界中，统治权是基于出身和继承的，而妇女作为妻子、母亲或遗孀可以摄政，甚至在某些国家可以拥有继承权，但原则上说，女性被排除在所有基于选举的政治秩序之外，从古代的城市共和国到美国、法国等新兴的共和宪法都是如此。当提到所有人权利平等时——"rights of man"（英语）、"droits de l'homme"（法语）——实际上指的都是所有男性的权利（当然在大多数革

命宪法中规定只有拥有特定收入的、经济上独立的
成年男性才拥有完全的公民权）。宪法文本中根本
就没有提到妇女，这无须书面提及，因为人们都自
然而然默认如此。妇女既不享有人身自由，也没有
财产自由，更不用说政治参与权了。

　　不过，仍有一些启蒙者（包括女性）认识到，
这些诉求是存在于自然法逻辑中的。他们援引一
些理性主义者在 17 世纪就已明确的观点，即"理
性没有性别"（参见第六章），在革命时期力图主
张妇女的普遍人权和公民权利，包括英国的玛
丽·沃斯通克拉夫特（Mary Wollstonecraft）、德
国的特奥多尔·戈特利布·冯·希珀尔（Theodor
Gottlieb von Hippel）、让－安托万·德·孔多
塞（Jean-Antoine de Condorcet）以及若干女性
革命者，如法国的奥兰普·德古热（Olympe de
Gouges）。尽管所有阶级的妇女在革命的不同阶段
都起着至关重要的作用，但这些要求最终并没有得
到满足，结果适得其反。雅各宾派尤其受到卢梭的
家庭意识形态的影响，进一步明确了妇女在法律上
的从属地位。

　　这一点表明了，认为启蒙时代是向着更平等、
更自由的状态线性发展的观点是错误的。相反，革
命推动了 19 世纪市民社会男性权利日益平等，而

与之相对的是妇女被更加严格地排斥在政治生活之外。直到约一百年后，才出现了新的妇女运动，其对法律平等的要求才有了取得成功的希望。

* * *

如今，几乎没有人再持多数启蒙者的进步乐观主义。人们逐渐清楚地认识到，18世纪以来取得的成就需要付出何种代价：科学技术的进步，全球市场的相互依存，小范围的简单生活环境的丧失，等等。与此同时，也是在这个百年里，对自然和欧洲以外民族的剥削创造了新的品质，同时也产生了对此的批评。因此，压迫和剥削的受害者今天仍然可以使用18世纪发明的相同论点来为自己申诉。尽管这个世纪有着种种对立和矛盾，但毕竟自那时以来，人们开始要求所有人类作为人的普遍和平等权利，用康德的话来说，就是"不会再被遗忘"。单凭这一点，也足以让今天的我们对这个世纪加以关注。

参考文献（部分）

期　刊

Aufklärung. Interdisziplinäre Halbjahresschrift zur Erforschung des 18. Jahrhunderts und seiner Wirkungsgeschichte, in Verbindung mit der DGEJ. Hrsg. von G. Birtsch / K. Eibl / N. Hinske / R. Vierhaus. Hamburg 1986 ff.

Das Achtzehnte Jahrhundert. Mitteilungen der Deutschen Gesellschaft für die Erforschung des Achtzehnten Jahrhunderts (DGEJ). Wolfenbüttel 1977 ff.

Eighteenth Century Studies (Johns Hopkins University). Baltimore 1967 ff.

Studies on Voltaire and the Eighteenth Century / Travaux sur Voltaire et le dix-huitième siècle (Voltaire Foundation). Oxford 1955 ff.

Dix-huitième siècle. Revue annuelle. Paris 1969 ff.

The Eighteenth Century. A Current Bibliography. Hrsg. von American Society for Eighteenth Century Studies. New York 1971 ff.

工具书

Delon, Michel (Hrsg.): Dictionnaire européen des lumières. Paris 1997.

Kors, Charles Alan (Hrsg.): Encyclopedia of the Enlightenment. 4 Bde. Oxford 2002.

Reill, Peter Hans / Wilson, Ellen Judy (Hrsg.): Encylopedia of the Enlightenment. New York 1996.

Reinalter, Helmut (Hrsg.): Lexikon zum Aufgeklärten Absolutismus in Europa: Herrscher, Denker, Sachbegriffe. Wien [u.a.] 2005.

Schneiders, Werner (Hrsg.): Lexikon der Aufklärung. Deutschland und Europa. München 1995.

Thoma, Heinz (Hrsg.): Handbuch Europäische Aufklärung. Begriffe – Konzepte – Wirkung. Stuttgart 2015.

Vierhaus, Rudolf / Bödeker, Hans Erich (Hrsg.): Biographische Enzyklopädie der deutschsprachigen Aufklärung. München 2002.

概况类文献

Alt, Peter André: Aufklärung. 3., aktualisierte Aufl. Stuttgart/Weimar 2007.

Black, Jeremy: Eighteenth Century Europe 1700–1789. London 1990.

Blanning, Timothy C. W.: Das Alte Europa 1660–1789. Macht der Kultur und Kultur der Macht. Übers. von Monika Carbe. Darmstadt 2006.

Borgstedt, Angela: Das Zeitalter der Aufklärung (Kontroversen um die Geschichte). Darmstadt 2004.

Doyle, William: The Old European Order 1660–1800. Oxford ²1992.

Darnton, Robert: Washingtons falsche Zähne, oder noch einmal: Was ist Aufklärung? München 1997.

Duchhardt, Heinz: »Balance of Power« und Pentarchie. Internationale Beziehungen 1700–1785. Paderborn 1997. (Handbuch der Internationalen Beziehungen. Bd. 4.)

– Barock und Aufklärung. München 2007. (Oldenbourg Grundriss der Geschichte 11.)

Dülmen, Richard van: Kultur und Alltag in der Frühen Neuzeit. Bd. 3: Magie, Religion, Aufklärung. München 1994.

Edelstein, Dan: The Enlightenment: A Genealogy. Chicago 2010.

Fitzpatrick, Martin [u.a.] (Hrsg.): The Enlightenment World. Abingdon / New York 2004.

Fulda, Daniel: Gab es die Aufklärung? In: Das Achtzehnte Jahrhundert 37 (2013) S. 11–25.

Geier, Manfred: Aufklärung. Das europäische Projekt. Reinbek bei Hamburg 2012.

Hardtwig, Wolfgang (Hrsg.): Die Aufklärung und ihre Weltwirkung. Göttingen 2010. (Geschichte und Gesellschaft. Sonderheft 23.)

Im Hof, Ulrich: Das Europa der Aufklärung. München 1993.

Körber, Esther-Beate: Die Zeit der Aufklärung. Eine Geschichte des 18. Jahrhunderts. Stuttgart 2006.

Kunisch, Johannes: Absolutismus. Europäische Geschichte vom Westfälischen Frieden bis zur Krise des Ancien Régime. Göttingen ²1999.

Meyer, Annette: Die Epoche der Aufklärung. Berlin 2009. (Studienbuch Geschichte.)

Müller, Winfried: Die Aufklärung. München 2002. (Enzyklopädie deutscher Geschichte. Bd. 61.)

Münch, Paul: Lebensformen in der frühen Neuzeit. Frankfurt a.M. 1992.

Outram, Dorinda: The Enlightenment. Cambridge 1995.

Pagden, Anthony: The Enlightenment and Why it Still Matters. Oxford 2013.

Peèar, Andreas / Tricoire, Damien: Falsche Freunde. War die Aufklärung wirklich die Geburtsstunde der Moderne? Frankfurt a.M. / New York 2015.

Porter, Roy: Kleine Geschichte der Aufklärung. Berlin ²1995.

Schneiders, Werner: Die Aufklärung. München 1997.

Stockhorst, Stefanie (Hrsg.): Epoche und Projekt. Perspektiven der Aufklärungsforschung. Göttingen 2013.

Stuke, Horst: Aufklärung. In: O. Brunner / W. Conze / R. Koselleck (Hrsg.): Geschichtliche Grundbegriffe. Bd. 1. Stuttgart 1972. S. 243–342.

Vovelle, Michel (Hrsg.): Der Mensch der Aufklärung. Frankfurt a.M. 1996.

Walther, Gerrit [u.a.]: Aufklärung. In: Enzyklopädie der Neuzeit. Hrsg. von Friedrich Jaeger. Bd. I. Stuttgart/Weimar 2005. Sp. 791–830.

思想史经典作品

Adorno, Theodor W. / Horkheimer, Max: Dialektik der Aufklärung. [Originalausg. 1944.] Kritische Ausg.: Max Horkheimer. Gesammelte Schriften. 19 Bde. Hrsg. von Gunzelin Schmid Noerr. Bd. 5: Dialektik der Aufklärung und Schriften 1940–1950. Frankfurt a.M. 1987 (³2003).

Cassirer, Ernst: Die Philosophie der Aufklärung. Tübingen 1973.

Dilthey, Wilhelm: Friedrich der Große und die deutsche Aufklärung [u.a. Aufsätze]. In: W. D.: Gesammelte Schriften. Bd. III. Göttingen ⁴1969.

Gay, Peter: The Enlightenment. An Interpretation. 2 Bde. New York 1967–69.

Hazard, Paul: Die Krise des europäischen Geistes (1680–1715). [Originalausg. Paris 1935.] Hamburg 1939.

Hazard, Paul: Die Herrschaft der Vernunft [Originalausg. Paris 1946.] Hamburg 1949.

Habermas, Jürgen: Strukturwandel der Öffentlichkeit. Untersuchungen zu einer Kategorie der bürgerlichen Gesellschaft. Darmstadt/ Neuwied 1962.

Koselleck, Reinhart: Kritik und Krise. Eine Studie zur Pathogenese der bürgerlichen Welt. Frankfurt a. M. ³1979.

Troeltsch, Ernst: Die Aufklärung (1897). In: E. T.: Gesammelte Schriften. Hrsg. von Hans Baron. Bd. 4. Tübingen 1925. S. 338–374.

18 世纪的德国

Bödeker, Hans Erich / Herrmann, Ulrich (Hrsg.): Über den Prozeß der Aufklärung in Deutschland im 18. Jh. Göttingen 1987.

– / François, Etienne (Hrsg.): Aufklärung/Lumières und Politik. Zur politischen Kultur der deutschen und französischen Aufklärung. Leipzig 1996.

Dipper, Christoph: Deutsche Geschichte 1648–1789. Frankfurt a. M. 1991. (Neue Historische Bibliothek.)

Friedrich300 Colloquien. Studien zur preußischen Geschichte in der Zeit Friedrich des Großen. Hrsg. von der Stiftung Preußische Schlösser und Gärten. Berlin 2008 ff. (http://www.perspectivia.net/content/publikationen/friedrich300-colloquien)

Kopitzsch, Franklin (Hrsg.): Aufklärung, Absolutismus und Bürgertum in Deutschland. München 1976.

Lifschitz, Avi (Hrsg.): Language and Enlightenment. The Berlin Debates of the Eighteenth Century. Oxford 2012.

Martus, Steffen: Aufklärung. Das deutsche 18. Jahrhundert, ein Epochenbild. Berlin 2015.

Möller, Horst: Vernunft und Kritik. Deutsche Aufklärung im 17. und 18. Jahrhundert. Frankfurt a. M. 1986.

– Fürstenstaat oder Bürgernation. Deutschland 1763–1815. Berlin o. J. (1989).

Pütz, Peter (Hrsg.): Erforschung der deutschen Aufklärung. Königstein 1980.

Sauder, Gerhard / Schlobach, Jochen (Hrsg.): Aufklärungen. Frankreich und Deutschland im 18. Jh. Heidelberg 1985.

Schilling, Heinz: Vom Alten Reich zum Fürstenstaat. Deutschland 1648–1763. Berlin 1989.

Schmidt, Georg: Wandel durch Vernunft. Deutsche Geschichte im 18. Jahrhundert. München 2009.

Vierhaus, Rudolf: Deutschland im Zeitalter des Absolutismus (1648–1763). Göttingen 1978.
– Deutschland im 18. Jh. Ausgewählte Aufsätze. Göttingen 1987.
Wehler, Hans-Ulrich: Deutsche Gesellschaftsgeschichte. Bd. 1: Vom Feudalismus des Alten Reiches bis zur Defensiven Modernisierung der Reformära 1700–1815. München ²1989.

其他欧洲国家

Baker, Keith Michael (Hrsg.): The Political Culture of the Old Régime. 2 Bde. Oxford 1987.
Bálazs, Eva [u.a.] (Hrsg.): Beförderer der Aufklärung in Mittel- und Osteuropa. Berlin 1979.
Braun, Rudolf: Das ausgehende Ancien Régime in der Schweiz. Aufriß einer Sozial- und Wirtschaftsgeschichte des 18. Jhs. Göttingen 1984.
Brewer, John: The Pleasures of Imagination. Literature, the Arts, and Society in 18th Century Britain. Glasgow 1997.
Chartier, Roger: Die kulturellen Ursprünge der Französischen Revolution. Frankfurt a.M. 1995.
Chitnis, Anand C.: The Scottish Enlightenment: A Social History. London 1976.
Donnert, Erich: Rußland im Zeitalter der Aufklärung. Wien/Köln/Graz 1984.
Goodman, Dena: The Republic of Letters. A Cultural History of the French Enlightenment. Ithaca 1994.
Gumbrecht, Hans-Ulrich (Hrsg.): Sozialgeschichte der Aufklärung in Frankreich. 2 Bde. München 1981.
Hay, Douglas / Rogers, Nicholas: Eighteenth-Century English Society, 1688–1820. Shuttles and Swords. Oxford 1997.
Jüttner, Siegfried / Schlobach, Jochen (Hrsg.): Europäische Aufklärung(en). Einheit und nationale Vielfalt. Hamburg 1992.
Langford, Paul: A Polite and Commercial People. England 1727–1783. Oxford 1989.
Lynch, John: Bourbon Spain, 1700–1808. Oxford 1989.
Mager, Wolfgang: Frankreich vom Ancien Régime zur Moderne. Wirtschafts-, Gesellschafts- und politische Institutionengeschichte

1630–1830. Stuttgart 1980.

O'Gorman, Frank: The Long Eighteenth Century. British Political and Social History, 1688–1832. London 1997.

Parker, David: Class and State in Ancien Régime France. The Road to Modernity? London / New York 1996.

Porter, Roy / Teich, Mikula (Hrsg.): The Enlightenment in National Context. Cambridge 1981.

Robertson, John: The Case for the Enlightenment. Scotland and Naples 1680–1760. Cambridge 2005.

Roche, Daniel: La France des Lumières. Paris 1993.

Schippan, Michael: Die Aufklärung in Russland im 18. Jahrhundert. Wiesbaden 2012.

Venturi, Franco: Italy and the Enlightenment. Studies in a Cosmopolitan Century. London 1972

Voss, Jürgen: Geschichte Frankreichs. Bd. 2: Von der frühneuzeitlichen Monarchie bis zur Ersten Republik 1500–1800. München 1980.

社会和经济

Asch, Ronald G.: Europäischer Adel in der Frühen Neuzeit. Eine Einführung. Köln/Weimar/Wien 2008. (UTB 3086.)

Bödeker, Hans-Erich / Gierl, Martin (Hrsg.): Aufklärung und Lebenswelt. Göttingen 2006.

Böning, Holger: Die Genese der Volksaufklärung und ihre Entwicklung bis 1780. Stuttgart / Bad Cannstatt 1990.

Farge, Arlette: Das brüchige Leben. Verführung und Aufruhr im Paris des 18. Jhs. Berlin 1989.

Frühsorge, Gotthardt [u. a.] (Hrsg.): Stadt und Bürger im 18. Jh. Marburg 1993.

Gall, Lothar (Hrsg.): Stadt und Bürgertum im Übergang von der traditionellen zur modernen Gesellschaft. München 1993. (HZ. Beihefte N. F. 16.)

Garnot, Benoit: Le peuple au siècle des lumières. Echec d'un dressage culturel. Paris 1990.

Herrmann, Ulrich: »Die Bildung des Bürgers«. Die Formierung der bürgerlichen Gesellschaft und die Gebildeten im 18. Jh. Weinheim 1982.

Kopitzsch, Franklin: Grundzüge einer Sozialgeschichte der Aufklärung in Hamburg und Altona. Hamburg 1982.

Kriedte, Peter: Spätfeudalismus und Handelskapital. Grundlinien der europäischen Wirtschaftsgeschichte vom 16. bis zum Ausgang des 18. Jhs. Göttingen 1980.

Maurer, Michael: Die Biographie des Bürgers. Lebenswelten und Denkweisen in der formativen Phase des deutschen Bürgertums (1680–1815). Göttingen 1996.

McKendrick, Neil [u. a.] (Hrsg.): The Birth of a Consumer Society. The Commercialization of Eighteenth-Century England. London 1982.

Medick, Hans: Plebejische Kultur, plebejische Öffentlichkeit, plebejische Ökonomie. In: R. Berdahl [u. a.] (Hrsg.): Klassen und Kultur. Frankfurt a. M. 1982. S. 157–204.

Meier, Brigitte / Schultz, Helga (Hrsg.): Die Wiederkehr des Stadtbürgers. Städtereformen im europäischen Vergleich 1750–1850. Berlin 1994.

Munck, Thomas: The Enlightenment. A Comparative Social History, 1721–94. London 2000.

Sikora, Michael: Der Adel in der Frühen Neuzeit. Darmstadt 2010. (Geschichte Kompakt.)

Thompson, Edward P.: Plebeische Kultur und moralische Ökonomie. Aufsätze zur englischen Sozialgeschichte des 18. und 19. Jhs. Ausgew. und eingel. von D. Groh. Frankfurt a. M. 1980.

Trossbach, Werner: Bauern 1648–1806. München 1993. (Enzyklopädie deutscher Geschichte. Bd. 19.)

Vierhaus, Rudolf (Hrsg.): Bürger und Bürgerlichkeit im Zeitalter der Aufklärung. Heidelberg 1981.

Wehler, Hans-Ulrich (Hrsg.): Europäischer Adel 1750–1950, Göttingen 1990. (Geschichte und Gesellschaft. Sonderheft 13.)

欧洲之外的世界和启蒙运动

Bitterli, Urs: Die Wilden und die Zivilisierten. Grundzüge einer Geistes- und Kulturgeschichte der europäisch-überseeischen Begegnung. München ²1991.

Hardtwig, Wolfgang (Hrsg.): Die Aufklärung und ihre Weltwirkung. Göttingen 2010.

Kelleter, Frank: Amerikanische Aufklärung. Sprachen der Rationalität im Zeitalter der Revolution. Paderborn 2002.

Lüsebrink, Hans-Jürgen (Hrsg.): Das Europa der Aufklärung und die außereuropäische koloniale Welt. Göttingen 2006.

Osterhammel, Jürgen: Die Entzauberung Asiens. Europa und die asiatischen Reiche im 18. Jahrhundert. München 1998.

Pagden, Anthony: Das erfundene Amerika. Der Aufbruch des europäischen Denkens in die Neue Welt. München 1996.

Reinhard, Wolfgang: Die Unterwerfung der Welt. Globalgeschichte der europäischen Expansion. München 2016.

Wendt, Reinhard: Die europäische Expansion 1500–1800. Darmstadt 2010. (Geschichte Kompakt.)

启蒙思想家

Albrecht, Michael: Moses Mendelssohn 1729–1786. Das Lebenswerk eines jüdischen Denkers der deutschen Aufklärung. Weinheim 1986.

Baker, Keith Michael: Condorcet: From Natural Philosophy to Social Mathematics. Chicago 1975.

Besterman, Theodore: Voltaire. München 1971.

Dunn, John: Locke. Oxford 1984.

Fetscher, Iring: Rousseaus politische Philosophie. Frankfurt a. M. ³1975.

Keane, John: Thomas Paine. Ein Leben für die Menschenrechte. Hildesheim 1998.

Kondylis, Panajotis: Montesquieu und der Geist der Gesetze. Berlin 1996.

Lepape, Pierre, Diderot. Eine Biographie. Frankfurt a. M. 1994.

– Voltaire oder die Geburt der Intellektuellen im Zeitalter der Aufklärung. Frankfurt a. M. 1996.

Möller, Horst: Aufklärung in Preußen. Der Verleger, Publizist und Geschichtsschreiber Friedrich Nicolai. Berlin 1974.

Pomeau, René: Voltaire. Frankfurt a. M. 1994.

Ritzel, Wolfgang: Immanuel Kant. Eine Biographie. Berlin 1985.

Roger, Jacques: Buffon. Un philosophe au Jardin du Roi. Paris 1992.

Sauder, Gerhard: Johann Gottfried Herder 1744–1803. Hamburg 1987.

Schneiders, Werner (Hrsg.): Christian Wolff 1679–1754. Hamburg 1983.

Shackleton, Robert: Montesquieu. A Critical Biography. London 1961.

Streminger, Gerhard: Adam Smith. Mit Selbstzeugnissen und Bilddokumenten. Reinbek 1989.

– David Hume. Sein Leben und sein Werk. Paderborn 1994.

Vollhardt, Friedrich (Hrsg.): Neue Forschungen zu Christian Thomasius. Tübingen 1996.

宗教和教会

Bendel, Rainer / Norbert Spannenberger (Hrsg.): Katholische Aufklärung und Josephinismus. Rezeptionsformen in Ostmittel- und Südosteuropa, Köln/Weimar/Wien 2015.

Beutel, Albrecht: Kirchengeschichte im Zeitalter der Aufklärung. Göttingen 2009.

– / Nooke, Martha (Hrsg.): Religion und Aufklärung. Akten des Ersten Internationalen Kongresses zur Erforschung der Aufklärungstheologie (Münster, 30. März bis 2. April 2014). Tübingen 2016.

Brecht, Martin (Hrsg.): Geschichte des Pietismus. Bd. 2: Der Pietismus im 18. Jh. Göttingen 1995.

Breuer, Mordechai / Graetz, Michael: Tradition und Aufklärung 1600–1780. München 1996. (Deutsch-jüdische Geschichte der Neuzeit. Bd. 1.)

Burson, Jeffrey D. / Lehner, Ulrich L. (Hrsg.): Enlightenment and Catholicism in Europe. A Transnational History. Notre Dame, IN 2014.

Chatellier, Louis: The Europe of the Devout: The Catholic Reformation and the Formation of a New Society. Cambridge/Paris 1989.

Feiner, Shmuel: Haskala – jüdische Aufklärung. Geschichte einer kulturellen Revolution. Aus dem Hebr. übers. von Anne Birkenhauer. Hildesheim / Zürich / New York 2007.

Gericke, Wolfgang: Theologie und Kirche im Zeitalter der Aufklärung. Berlin 1989.

Gregory, Jeremy: Transforming the ›Age of Reason‹ into an ›Age of Faiths‹ or, Putting Religions and Beliefs (back) into the Eighteenth Century. In: Journal for Eighteenth Century Studies 32 (2009) S. 287–305.

Grote, Simon: Review Essay: Religion and Enlightenment. In: Journal of the History of Ideas 75 (2014) S. 137–160.

Herzig, Arno / Horch, Hans Otto / Jütte, Robert (Hrsg.): Judentum und Aufklärung. Jüdisches Selbstverständnis in der bürgerlichen Öffentlichkeit. Göttingen 2002.

Kittsteiner, Heinz D.: Die Entstehung des modernen Gewissens. Frankfurt a. M. / Leipzig 1991.

Klueting, Harm (Hrsg.): Katholische Aufklärung – Aufklärung im katholischen Deutschland. Hamburg 1993.

Lauer, Gerhard: Die Rückseite der Haskala. Geschichte einer kleinen Aufklärung. Göttingen 2008.

Lehner, Ulrich L.: The Catholic Enlightenment. The Forgotten History of a Global Movement. Oxford 2016.

– / Michael Printy (Hrsg.): A Companion to Catholic Enlightenment in Europe. Leiden/Boston 2010.

Maurer, Michael: Kirche, Staat und Gesellschaft im 18. Jh. München 1998. (Enzyklopädie deutscher Geschichte. Bd. 51.)

Müller, Wolfgang: Die Kirche im Zeitalter des Absolutismus und der Aufklärung. Freiburg 1970. (Handbuch der Kirchengeschichte. Bd. 5.)

Schulte, Christoph: Die jüdische Aufklärung. Philosophie, Religion, Geschichte. München 2002.

Sorkin, David: The Religious Enlightenment. Protestants, Jews, and Catholics from London to Vienna. Princeton, NJ 2008.

Zurbuchen, Simone: Naturrecht und natürliche Religion. Zur Geschichte des Toleranzbegriffs von Samuel Pufendorf bis Jean-Jacques Rousseau. Würzburg 1991.

交流方式和媒体

Berndt, Frauke / Fulda, Daniel (Hrsg.): Die Sachen der Aufklärung. Hamburg 2012.

Blom, Philipp: Böse Philosophen. Ein Salon in Paris und das vergessene Erbe der Aufklärung. München 2013.

Bödeker, Hans-Erich, Aufklärung als Kommunikationsprozeß. In: Aufklärung 2 (1987) Nr. 2. S. 89–111.

Chartier, Roger: Lesewelten. Buch und Lektüre in der frühen Neuzeit. Frankfurt/Main 1990.

Dann, Otto (Hrsg.): Lesegesellschaften und bürgerliche Emanzipation. München 1981.

Darnton, Robert: Glänzende Geschäfte. Die Verbreitung von Diderots Encyclopédie oder: Wie verkauft man Wissen mit Gewinn? Berlin 1993.

Dülmen, Richard van: Die Gesellschaft der Aufklärer. Zur bürgerlichen Emanzipation und aufklärerischen Kultur in Deutschland [1986]. Durchges. Neuaufl. Frankfurt a. M. 1996.

Harris, Bob: Politics and the Rise of the Press. Britain and France, 1620–1800. London 1996.

Im Hof, Ulrich: Das gesellige Jahrhundert. Gesellschaft und Gesellschaften im Zeitalter der Aufklärung. München 1982.

Jacob, Margaret C.: Living the Enlightenment. Freemasonry and Politics in Eighteenth-Century Europe. Oxford 1992.

Manheim, Ernst: Aufklärung und öffentliche Meinung. Studien zur Soziologie der Öffentlichkeit im 18. Jh. Hrsg. von N. Schindler. Stuttgart / Bad Cannstatt 1979.

Martens, Wolfgang: Die Botschaft der Tugend. Die Aufklärung im Spiegel der deutschen Moralischen Wochenschriften. Stuttgart 1978.

Reinalter, Helmut (Hrsg.): Aufklärung und Geheimgesellschaften: Freimaurer, Illuminaten, Rosenkreuzer. Ideologie, Struktur und Wirkungen. Bayreuth 1992.

– Aufklärungsgesellschaften. Frankfurt a. M. 1993.

– Die Freimaurer. München 2000.

Roche, Daniel: Les républicains des lettres. Gens de culture au XVIIIe siècle, Paris 1988.

Roche, Daniel, Darnton, Robert (Hrsg.): Revolution in Print. The Press in France, 1775–1800. Berkeley 1989.

Van Horn Melton, James: The Rise of the Public in Enlightenment Europe. Cambridge 2001.

Vierhaus, Rudolf (Hrsg.): Deutsche patriotische und gemeinnützige Gesellschaften. München 1980.

哲学和科学

Bödeker, Hans Erich [u. a.] (Hrsg.): Aufklärung und Geschichte. Studien zur deutschen Geschichtswissenschaft im 18. Jh. Göttingen 1986.

Burns, James MacGregor: Fire and Light. How the Enlightenment Transformed Our World. New York 2013.

Clark, William / Golinsky, Jan / Schaffer, Simon: The Sciences in Enlightened Europe. Chicago 1999.

Darnton, Robert: Der Mesmerismus und das Ende der Aufklärung. München/Wien 1983.

Daston, Lorraine / Pomata, Gianna (Hrsg.): The Faces of Nature in Enlightenment Europe. Berlin 2003.

Enskat, Rainer (Hrsg.): Wissenschaft und Aufklärung. Opladen 1997.

Garber, Klaus / Wismann, Heinz (Hrsg.): Europäische Sozietätsbewegung und demokratische Tradition. Die europäischen Akademien der frühen Neuzeit zwischen Frührenaissance und Spätaufklärung. 2 Bde. Tübingen 1995.

Goldie, Mark / Wokler, Robert (Hrsg.): The Cambridge History of Eighteenth Century Political Thought. Cambridge 2006.

Grell, Ole Peter / Porter, Roy (Hrsg.): Toleration in Enlightenment Europe. Cambridge 2000.

Hahn, Roger: The Anatomy of a Scientific Institution. The Paris Academy of Sciences, 1666–1803. Berkeley 1971.

Hankins, Thomas L.: Science and the Enlightenment. Cambridge 1985.

Hammerstein, Notker: Aufklärung und katholisches Reich. Untersuchungen zur Universitätsreform und Politik katholischer Territorien des Heiligen Römischen Reiches Teutscher Nation im 18. Jh. Berlin 1977.

Hunter, Ian: Rival Enlightenments. Civil and Metaphysical Philosophy in Early Modern Germany. New York 2001.

Israel, Jonathan I.: Radical Enlightenment. Philosophy and the Making of Modernity 1650–1750. Oxford 2002.

– Enlightenment Contested. Philosophy, Modernity, and the Emancipation of Man 1670–1752. Oxford 2006.

– / Mulsow, Martin (Hrsg.): Radikalaufklärung. Frankfurt a. M. 2014.

Kondylis, Panajotis: Die Aufklärung im Rahmen des neuzeitlichen Rationalismus. Stuttgart 1981.

McClellan, James E.: Science Reorganized. Scientific Societies in the Eighteenth Century. New York 1985.

Moravia, Sergio: Beobachtende Vernunft. Philosophie und Anthropologie in der Aufklärung. Frankfurt a. M. 1977.

Neugebauer-Wölk, Monika (Hrsg.): Aufklärung und Esoterik. Stuttgart 1999. (Studien zum 18. Jahrhundert. Bd. 24.)

Porter, Roy (Hrsg.): The Cambridge History of Science. Bd. 4: Eighteenth Century Science. Cambridge 2003.

Roche, Daniel: Le siècle des lumières en province. Académies et académiciens provinciaux 1680–1789. Paris 1978.

Rohbeck, Johannes: Die Fortschrittstheorie der Aufklärung. Französische und englische Geschichtsphilosophie in der 2. Hälfte des 18. Jhs. Frankfurt a. M. / New York 1987.

Rüegg, Walter (Hrsg.): Geschichte der Universität in Europa. Bd. II: Von der Reformation bis zur Französischen Revolution. München 1996.

Schneider, Ulrich Johannes (Hrsg.): Kulturen des Wissens im 18. Jahrhundert. Berlin/Boston 2008.

– Die Erfindung des allgemeinen Wissens. Enzyklopädisches Schreiben im Zeitalter der Aufklärung. Berlin 2013.

Vermeulen, Han F.: Early History in Ethnology and Anthropology in the German Enlightenment. Leiden 2008.

Vierhaus, Rudolf (Hrsg.): Wissenschaften im Zeitalter der Aufklärung. Göttingen 1985.

Zelle, Carsten (Hrsg.): Das 18. Jahrhundert jenseits der Aufklärung? Wolfenbüttel 1997. (Das Achtzehnte Jahrhundert. 21/1.)

家庭、教育、两性关系

Ariès, Philippe / Duby, Georges (Hrsg.): Geschichte des privaten Lebens. Bd. 3: Von der Renaissance zur Aufklärung. Frankfurt a. M. 1991.

Badinter, Elisabeth / Emilie, Emilie: Weiblicher Lebensentwurf im 18. Jh. Zürich 1984.

Barker-Benfield, G. J.: The Culture of Sensibility. Sex and Society in Eighteenth-Century Britain. Chicago 1992.

Burguière, André [u. a.] (Hrsg.): Geschichte der Familie. Bd. 3: Frühe Neuzeit. Frankfurt a. M. 1998.

Christadler, Marieluise (Hrsg.): Freiheit, Gleichheit, Weiblichkeit. Aufklärung, Revolution und die Frauen in Europa. Opladen 1990.

Herrmann, Ulrich (Hrsg.): Das Pädagogische Jahrhundert. Volksaufklärung und Erziehung zur Armut im 18. Jh. in Deutschland. Weinheim/Basel 1981.

– Aufklärung und Erziehung. Studien zur Funktion der Erziehung im Konstitutionsprozeß der bürgerlichen Gesellschaft im 18. und frühen 19. Jh. in Deutschland. Weinheim 1993.

Hausen, Karin: Die Polarisierung der ›Geschlechtscharaktere‹ – eine Spiegelung der Dissoziation von Erwerbs- und Familienleben. In: W. Conze (Hrsg.): Sozialgeschichte der Familie in der Neuzeit Europas. Stuttgart 1976. S. 367–393.

Hill, Bridget: Women, Work, and Sexual Politics in Eigteenth-Century England. Oxford 1989.

Kleinau, Elke / Opitz, Claudia (Hrsg.): Geschichte der Mädchen- und Frauenbildung. Bd. 1: Vom Mittelalter bis zur Aufklärung. Frankfurt a. M. 1996.

Lehner, Ulrich: Women, Catholicism and Enlightenment. London 2017.

Opitz, Claudia: Aufklärung der Geschlechter, Revolution der Geschlechterordnung. Studien zur Politik- und Kulturgeschichte des 18. Jahrhunderts. Münster [u. a.] 2002.

Schmitt, Hanno: Vernunft und Menschlichkeit. Studien zur philanthropischen Erziehungsbewegung. Bad Heilbrunn 2007.

Sieder, Reinhard: Sozialgeschichte der Familie. Frankfurt a. M. 1987. (Neue Historische Bibliothek.)

Steinbrügge, Lieselotte: Das moralische Geschlecht. Theorien und literarische Entwürfe über die Natur der Frau in der französischen Aufklärung. Weinheim 1987.

Spencer, Samia I.: French Women and the Age of Enlightenment. Bloomington 1984.

Taylor, Barbara / Knott, Sarah (Hrsg.): Women, Gender and Enlightenment. Basingstoke 2007.

Wunder, Heide: »Er ist die Sonn', sie ist der Mond«. Frauen in der Frühen Neuzeit. München 1992.

国家、改革专制主义、自然法

Aretin, Karl Otmar Freiherr von (Hrsg.): Der Aufgeklärte Absolutismus. Gütersloh 1974.

Beales, Derek: Joseph II. 2 Bde. Cambridge 1987.

– (Hrsg.): Enlightenment and Reform in Eighteenth-Century Europe. London / New York 2005.

Behrens, Betty A.: Society, Government and the Enlightenment. London 1985.

Birtsch, Günter (Hrsg.): Grund- und Freiheitsrechte von der ständischen zur spätbürgerlichen Gesellschaft. Göttingen 1987.

Bödeker, Hans Erich / Herrmann, Ulrich (Hrsg.): Aufklärung als Politisierung – Politisierung der Aufklärung. Hamburg 1987.

Dann, Otto / Klippel, Diethelm (Hrsg.): Naturrecht, Spätaufklärung, Revolution. Hamburg 1995.

Demel, Walter: Vom aufgeklärten Reformstaat zum bürokratischen Staatsabsolutismus. München 1993. (Enzyklopädie deutscher Geschichte. Bd. 23.)

Fetscher, Iring / Münkler, Herfried (Hrsg.): Pipers Handbuch der politischen Ideen. Bd. 3: Neuzeit. München/Zürich 1989.

Hellmuth, Eckhart (Hrsg.): The Transformation of Political Culture. England and Germany in the Late Eighteenth Century. London 1990.

Klippel, Diethelm: Politische Freiheit und Freiheitsrechte im deutschen Naturrecht des 18. Jahrhunderts. Paderborn 1976.

– Von der Aufklärung der Herrschaft zur Herrschaft der Aufklärung. In: Zeitschrift für Historische Forschung 17 (1990) S. 193–210.

Krieger, Leonard: Kings and Philosophers 1689–1789. London 1971.

Niedhart, Gottfried: Aufgeklärter Absolutismus oder Rationalisierung der Herrschaft. In: Zeitschrift für historische Forschung 6 (1979) S. 199–211.

Palmer, Robert R.: Das Zeitalter der demokratischen Revolution. Eine vergleichende Geschichte Europas und Amerikas von 1760 bis zur Französischen Revolution (1959). Frankfurt a. M. 1970.

Raeff, Marc: The Well-Ordered Police State. Social and Institutional Change Through Law in the Germanies and Russia. New Haven / London 1983.

Reinalter, Helmut (Hrsg.): Der Josephinismus. Bedeutung, Einflüsse und Wirkungen. Frankfurt a. M. 1993.

– / Klueting, Harm (Hrsg.): Der aufgeklärte Absolutismus im europäischen Vergleich. Wien/Köln/Weimar 2002.

Schenk, Tobias: Der preußische Weg der Judenemanzipation. Zur Judenpolitik des »aufgeklärten Absolutismus«. Berlin 2010.

Schmale, Wolfgang / Dodde, Nan L. (Hrsg.): Revolution des Wissens? Europa und seine Schulen im Zeitalter der Aufklärung (1750–1825). Bochum 1991.

Scott, Hamish M. (Hrsg.): Enlightened Absolutism: Reform and Reforms in Later Eighteenth Century Europe. Michigan 1990.

Sellin, Volker: Friedrich der Große und der aufgeklärte Absolutismus. In: U. Engelhardt [u. a.] (Hrsg.): Festschrift für Werner Conze. Stuttgart 1976. S. 83–112.

Sikora, Michael: Disziplin und Desertion. Strukturprobleme militärischer Organisaton im 18. Jh. Berlin 1996.

Sösemann, Bernd / Vogt-Spira, Gregor (Hrsg.): Friedrich der Große in Europa. Geschichte einer wechselvollen Beziehung. 2 Bde. Wiesbaden 2011.

Stollberg-Rilinger, Barbara: Der Staat als Maschine. Zur politischen Metaphorik des absoluten Fürstenstaats. Berlin 1986.

– Maria Theresia. Die Kaiserin in ihrer Zeit. Eine Biographie. München 2017.

Venturi, Franco: The End of the Old Regime in Europe, 1776–1789. 2 Bde. Princeton / New Jersey 1991.

Vierhaus, Rudolf (Hrsg.): Das Volk als Objekt obrigkeitlichen Handelns. Tübingen 1992.

插图说明

人名索引

关于作者

芭芭拉·施多尔贝格-雷林格（Barbara Stollberg-Rilinger），科隆大学历史学和日耳曼语言文学专业，1980年通过德国高级中学教职考试，1985年获博士学位，1994年获得近现代历史专业大学任教资格。自1997年起在明斯特大学教授近现代史（早期近代史方向）。

出版著作包括：《作为机器的国家：关于专制诸侯国家的政治隐喻》（*Der Staat als Maschine. Zur politischen Metaphorik des absoluten Fürstenstaates*, 1986）；《人民的监护人？神圣罗马帝国晚期的国家阶级代表理论》（*Vormünder des Volkes? Theorien landständischer Repräsentation in der Spätphase des Alten Reiches*, 1999）；《德意志民族的神圣罗马帝国：从中世纪晚期到1806年》（*Das Heilige Römische Reich Deutscher Nation vom Spätmittelalter bis 1806*, 2009）；《皇帝的旧衣：神圣罗马帝国宪法史及象征语言》（*Des Kaisers alte Kleider. Verfassungsgeschichte und Symbolsprache des Alten Reiches*, 2008）；《观念史（历史基础课6）》（*Ideengeschichte. Basistexte Geschichte 6*, 2010）；《礼仪》（*Rituale,*

2013);《玛丽娅·特蕾莎女皇及她的时代》(*Maria Theresia. Die Kaiserin in ihrer Zeit*, 2017)。

　　当前研究重点：早期近代政治理论和宪法史、近代早期阶级社会的政治社会礼仪和象征史。

图书在版编目（CIP）数据

百年启蒙 /（德）芭芭拉·施多尔贝格-雷林格著；
何昕译. -- 北京：社会科学文献出版社，2022.6
ISBN 978-7-5201-9900-1

Ⅰ.①百… Ⅱ.①芭… ②何… Ⅲ.①启蒙运动－研
究－欧洲 Ⅳ.①B504

中国版本图书馆CIP数据核字（2022）第047010号

百年启蒙

著　　者 /〔德〕芭芭拉·施多尔贝格-雷林格
译　　者 / 何　昕

出 版 人 / 王利民
组稿编辑 / 段其刚
责任编辑 / 周方茹
文稿编辑 / 陈嘉瑜
责任印制 / 王京美

出　　版 / 社会科学文献出版社·联合出版中心（010）59367151
　　　　　 地址：北京市北三环中路甲29号院华龙大厦　邮编：100029
　　　　　 网址：www.ssap.com.cn
发　　行 / 社会科学文献出版社（010）59367028
印　　装 / 北京联兴盛业印刷股份有限公司

规　　格 / 开　本：889mm×1194mm 1/32
　　　　　 印　张：10.125　字　数：170千字
版　　次 / 2022年6月第1版　2022年6月第1次印刷
书　　号 / ISBN 978-7-5201-9900-1
著作权合同
登 记 号 / 图字01-2019-3629号
定　　价 / 65.00元

读者服务电话：4008918866